Le Mécanisme de L'escargot
Envahissement et Enchaînement

Toute adaptation ou utilisation de ce texte, en tout ou en partie, par quelque moyen que ce soit, par toute personne ou tout groupe, amateur ou professionnel, est formellement interdite sans l'autorisation écrite de l'auteur.
Tous droits de reproduction, intégrale ou partielle réservés pour tous pays.

© Doniphan-Dalibor Dureux 2024
Édition : BoD · Books on Demand, 31 avenue Saint-Rémy, 57600 Forbach, bod@bod.fr
Impression : Libri Plureos GmbH, Friedensallee 273, 22763 Hamburg (Allemagne)
ISBN : 978-2-3225-2547-8
Dépôt légal : Mai 2024

Doniphan-Dalibor Dureux

Le Mécanisme De L'escargot
Envahissement et Enchaînement

ddd.dureux@gmail.com

Personnages

CASSIE
BRIAN
VINCENT
DARYL
TERRY

1 . L'instigateur

À l'heure du thé.

CASSIE. Quand une absence se prolonge, elle peut nous désorienter, surtout quand elle reste sans explication. Être confinée dans l'obscurité des pensées ignorées suscite un fardeau sur l'âme, et je peinais à trouver les mots pour en rendre compte. J'ai longtemps réfléchi à ce que j'avais pu faire pour être traitée de la sorte.

BRIAN. C'est le doute qui m'a incité à me retirer davantage. J'ai décidé de disparaître, de faire le mort pour ne pas avoir à éclaircir une décision que je considérais comme absurde.

CASSIE. Il n'est pas toujours indispensable de justifier ses actions. Or, il est inacceptable de laisser ceux qui vous ont fait confiance dans une situation difficile et inquiétante.

BRIAN. Je dois admettre que je n'ai pas satisfait les attentes qui étaient placées en moi. J'avais mes propres raisons, bonnes ou mauvaises, il m'était difficile de les légitimer.

CASSIE. Pourtant, cela ne fait pas écran à l'idée de satisfaire une espérance, en prenant soin d'annoncer préalablement ce qui est prévu pour éviter tout désagrément.

BRIAN. J'avais également des craintes, mais elles n'étaient pas liées aux mêmes raisons que les tiennes. Les miennes provenaient de facteurs qui activent l'adrénaline et d'autres hormones de stress poussant vers l'incohérence et causant la peur.

CASSIE. Tu viens à moi tel un spectre que j'avais pressenti, armé uniquement de tes propres tourments, ces doléances muettes auxquelles tu n'as jamais pu donner de forme, espérant obtenir le réconfort que je ne sais concéder. Que serais-tu devenu si tu avais apporté avec toi l'ensemble de notre désespoir partagé ? Quels récits aurais-tu tracé ?

BRIAN. Il faut être capable de bien raconter les histoires et les nôtres sont trop compliquées pour que je puisse les décrire correctement.

CASSIE. Chacun peut commettre une erreur et s'éloigner des voies de la raison, que ce soit pour des motifs abscons ou tout simplement par désir. Cependant, pour éviter que ce moment ne se transforme en un oubli total de la réalité, il est important qu'il s'oriente vers la construction plutôt que vers la destruction.

BRIAN. Les interrogations qui me traversaient l'esprit étaient multiples, cherchant à susciter des émotions positives en moi pour accélérer ma quête de solutions et envisager une plus grande béatitude. Hélas, il s'est avéré impossible de satisfaire toutes mes interrogations, me laissant un goût d'inachevé.

CASSIE. Tu as toujours eu des difficultés à finir ce que tu commençais, que ce soit par manque de persévérance ou à cause de certaines lacunes. Cette fragilité a engendré des effets néfastes pour ceux qui t'entourent. Ton manque de constance m'a empêché de saisir de nombreuses chances, et pour être sincère avec toi, je dois admettre que je ressens du ressentiment.

BRIAN. Vivre en permanence dans le passé, c'est refuser de croire que ce qui a eu lieu ne se reproduira jamais. Les moments où tout semble s'effondrer, où la chance est contre nous et où la confiance fait défaut, entraînent des effets funestes : les imprévus de notre métier. Nous avons toujours réussi à sortir de ce contexte.

CASSIE. Pourtant, lorsque l'immobilisme s'installe, l'espoir s'évanouit petit à petit, laissant place à une résignation mélancolique. La gaieté s'efface, et l'on oublie que notre univers est en perpétuelle métamorphose. Ceux qui nous apportaient un soutien initial s'évanouissent, ne laissant derrière eux qu'un vide indélébile, que rien ne saurait jamais combler. Les carriéristes, héritiers des humanistes, évincent la psychologie cognitive au profit des stratégies marketing. Égarés et abandonnés nous nous accrochons aux premiers venus, délaissés dans une profession où seuls les plus talentueux se distinguent vraiment.

BRIAN. Sans leur présence, notre existence ne serait guère significative ; envers les autres, notre évidence a toujours été notre seule voie. Ils nous ont fréquemment méprisés, et lorsque, par un caprice du destin, ils ont daigné se pencher sur notre sort, c'était uniquement pour nous faire réaliser que leur cercle, intimement clos, ne serait jamais à notre portée.

CASSIE. J'ai longtemps pensé qu'il s'agissait d'un défaut de discernement et non d'un véritable choix de la raison, mais je dois avouer maintenant que certains regards m'ont infligés des douleurs bien plus profondes que de cruelles gifles.

BRIAN. L'ignominie qu'ils auraient pu te conduire à endurer aurait revêtu une ampleur bien plus affreuse ; à un tel degré de désespoir que l'illumination qui éveille tant de promesses dans tes yeux, se serait évanouie à jamais.

CASSIE. Il semble évident que tu fais face à une immense vague de doute. Plutôt que de confronter cette peur, tu as décidé de l'ignorer. Tu n'as pas disparu, tu as simplement cessé d'exister aux yeux des autres. J'ai pensé me tourner vers d'autres horizons ; je crois avoir le droit de réclamer des éclaircissements.

BRIAN. Il se produit un moment de la vie où l'on désire ardemment maintenir le cours de son existence tel qu'on l'a toujours façonné, dans la solitude. Cependant, il arrive que notre corps, altéré par les luttes du quotidien, se refuse subitement à suivre ce mouvement. Ce sont des troubles de santé qui m'ont poussé à adopter une perspective plus distante.

CASSIE. Nous avons tous, à divers degrés, des états maladifs, mais cela ne paralyse pas le cours de la vie, ni le fait d'en discuter.

BRIAN. J'y ai pensé, puis je me suis dit qu'il était préférable de t'épargner des soucis supplémentaires. Certaines vérités sont à garder pour soi, car leur divulgation peut prêter à confusion, transformant en stratagèmes insidieux le besoin d'attention et la quête de l'estime d'autrui, pas mon truc !

CASSIE. Seulement, il y a toujours un moment où l'on se sent contraint d'en parler, surtout lorsque les séquelles ont un impact négatif sur ceux qui comptent sur nous.

BRIAN. Je n'ai jamais su comment aborder des sujets que je

ne maîtrise pas. Je me retrouve enlisé dans l'ignorance, celle de ceux qui auraient dû me donner des réponses. Il est évident que cela n'est pas à prendre à la légère. Face à l'incertitude, ils préfèrent rester silencieux. Mon approche a toujours été à part de celle des autres. Comment espérer que je ne sois pas perçu comme unique ? J'ai consulté de nombreux professionnels de santé sans obtenir le moindre résultat probant. Mes bras portent les stigmates dus à des injections répétées. Je crains désormais de retrousser mes manches, craignant d'être perçu comme un consommateur de drogue. Le laboratoire me pompe mon énergie, je crains de ne plus avoir de sang à donner.

CASSIE. Certains cas sont difficiles à comprendre, tandis que d'autres s'expliquent sans que l'on ait à poser de questions.

BRIAN. Cependant, vivre avec cela reste particulièrement complexe, constituant une source de stress extrêmement ardue à endurer.

CASSIE. Il est vrai que certaines épreuves se révèlent d'une intensité telle qu'elles deviennent presque insupportables, et il est délicat d'en faire part aux autres. Cependant, cette réalité récente a le potentiel de compromettre ta capacité à remplir ton rôle, ce qui m'inquiète profondément.

BRIAN. En rien, elle n'altère mes capacités intellectuelles, et je conserve une mobilité qui me permet de gérer mes déplacements avec aisance. Même lorsque la fatigue se fait sentir, je parviens encore à l'affronter. C'est l'inaction qui risquerait de me plonger dans une forme de dépendance. De plus, il convient de préciser que l'évolution de cette affliction qui me ronge demeure, pour l'heure, faiblement progressive.

CASSIE. À parler constamment de la même chose, on finit par se fatiguer. Maintenant que le mystère est éclairci, il serait préférable de ne plus aborder le sujet. Brian, j'ai un besoin urgent de ta présence à mes côtés ; il est crucial que tu ne me laisses pas fléchir au gré de tes aléas. Ta fixité dans ton travail, qui a toujours été exemplaire, demeure essentielle. Si jamais une ombre de doute t'effleure ou si tu estimes devoir te concentrer sur des préoccupations qui te semblent plus prioritaires, il te faut impérativement me le signifier, afin que je puisse ajuster ma trajectoire.

BRIAN. Je comprends parfaitement tes inquiétudes, mais il est essentiel que tu saisisses qu'il est non seulement possible, mais même souhaitable d'harmoniser ces deux aspects. Le travail, en effet, occupe l'esprit. Si jamais je venais à succomber aux affres du découragement, cela pourrait avoir des répercutions sur ma santé. Sache néanmoins que je tiens à te rassurer : je ne plongerai pas dans l'abîme sans une vision claire de l'avenir. Dans l'éventualité malheureuse où les événements prendrait un tournant défavorable, je m'engage à prendre les mesures nécessaires afin que tu ne te retrouves pas démunie.

CASSIE. En chacun de nous réside un besoin indispensable de labeur, motivé par des impératifs qui, sans être éloignés, se déploient dans notre quotidien. Il m'est dès lors aisé de saisir la portée de tes aspirations, et la seule exigence que je formule à présent est celle de respecter les engagements que tu as pris.

BRIAN. Pendant de longues années j'ai tenté d'expliquer le l'organisation de notre micro-société, mais j'ai été souvent mal compris, sûrement à cause d'un manque de pédagogie ou de persuasion. Les conventions établies sont difficiles à contourner ; qu'importe les bonnes intentions, il est capital de s'y conformer pour progresser. Certaines personnes ont compris les enjeux, tandis que d'autres ont mal vécu la situation ; les premières ont trouvé leur voie, alors que les secondes se sont enlisées dans l'amertume et l'isolement.

CASSIE. Ces éléments persistent à être, pour notre esprit, des repaires cachés, dissimulés dans les profondeurs de l'obscurité. Nous, âmes innocentes, dans un système qui, à l'occasion, nous manipule avec une cruauté déconcertante et parfois sans la moindre finesse. Ainsi, il nous est difficile d'évaluer à leur véritable portée les rouages d'un processus qui nous échappe largement ; il serait mal avisé de nous en tenir responsable.

BRIAN. Il s'avère ardu d'expliquer certaines réalités à des âmes perdues dont la perception troublée de la vérité ne leur offre qu'une vision imparfaite des choses. De ce fait, elles demeurent aveugles aux contraintes et aux exigences essentielles à l'orchestration d'une représentation, et je crains, avec une profonde tristesse, de ne pouvoir rien changer à cette fatalité.

CASSIE. Dans l'incertitude de mon parcours, je t'implore de m'éclairer de ta sagesse, guidant ma main pour m'aider à tracer un sentier où je pourrai enfin insuffler un sens à ma vie.

BRIAN. Ta vie est un domaine qui t'est propre, et nul autre ne détient la clé pour en raviver l'attrait. Il te faut changer de regard sur le monde, surtout lors des périodes d'oubli, afin d'insuffler un nouveau sens à ce qui te paraît avoir sombré dans l'insignifiance.

CASSIE. Je dois reconnaître que je ne me suis jamais souciée de la face cachée de notre sphère si particulière, car je pensais que chaque élément qui la constituait avait un travail bien déterminé à réaliser. Je ne voudrais pas que tu croies que j'avais établi une barrière socio-culturelle visant à dévaloriser une partie des composantes qui la constituait, mais je dois avouer, à mon corps défendant, que je n'en avais rien à faire.

BRIAN. J'ai, moi aussi, tendance à me préoccuper de mes problèmes plutôt qu'à ceux des autres. C'est un phénomène de société, nous ne sommes pas différents du plus grand nombre.

CASSIE. L'uniformité nous terrifie, alors que la diversité est source de réconfort, et c'est ce à quoi nous aspirons tous. J'ai passé ma vie à essayer de sortir du lot sans y parvenir. Même si j'ai encore de belles années devant moi, je ne veux plus perdre de temps, car j'espère qu'un jour, on me donnera la chance de le faire. Je dois te confier que je compte sur toi pour m'aider dans cette quête.

BRIAN. Nous sommes immergés dans la tourmente d'une crise unique, où la compétition sur le marché s'intensifie, tandis que les chances de se frayer un chemin se font rares. Tu traverses une période de transition où les opportunités, bien que potentiellement présentes, deviennent de plus en plus fugaces, malgré un éventail d'éléments qui pourraient nourrir tes désirs. C'est dans ce contexte évolutif que nous allons continuer notre chemin, car le monde du spectacle n'échappe pas non plus à cette importante mutation.

CASSIE. J'ai toujours eu du mal à suivre le mouvement, mais dans le cas présent, je dois avouer que je suis désemparée.

BRIAN. Tu n'es pas la seule à être égarée ; nous sommes tous affectés, car les repères que nous avions sont remplacés par des réalités incompréhensibles. Pour faire face à cette révolution, il va falloir que nous nous ajustions. Même si je ne peux combler tes désirs soudains, j'aimerais, malgré tout, te présenter une alternative.

CASSIE. Depuis toujours, j'essaie d'instaurer de meilleures interactions avec les gens, bien que ma nature fluctuante me complique la tâche d'accepter et de respecter les idées des autres ; je suis convaincue que cela favorise une meilleure créativité. Si tu as une suggestion pertinente à me proposer, je l'étudierai avec attention.

BRIAN. L'orientation des choix s'avère soumise à l'influence du contexte et aux contraintes budgétaires. La réduction des subventions impose aux productions de rechercher les fonds manquants. Plusieurs voies s'offrent à elles, mais la plus fructueuse à l'heure actuelle demeure le partenariat, ou, si tu préfères, la coproduction. Cette dernière prend une tournure novatrice en permettant aux intervenants, moyennant une contribution financière, d'assumer un rôle au sein du spectacle, ouvrant ainsi la voie à des négociations sur une part des entrées.

CASSIE. Je ne suis plus une débutante comme la plupart d'entre nous, voire l'ensemble, j'ai entendu parler de ces procédés. Seulement, faire le geste de porter sa main à sa poche pour y prendre de l'argent, c'est prendre le risque de ne rien trouver à l'intérieur.

BRIAN. Avoir les poches vides ne signifie pas qu'on soit dépourvu de richesse interne ; il en est des écueils comme d'incontrôlables défis à surmonter. Ce sont les bénéfices envisageables qui méritent ton attention, car le temps de l'attente passive pour un secours providentiel est révolu. En adoptant cette option, tu accéderas à de nombreuses aubaines, notamment le privilège de ne pas être témoin des actions des autres et de ne plus subir les choix qui te sont imposés. La liberté de décider sera enfin à ta disposition.

CASSIE. Ce principe, loin d'être une invention récente, a déjà largement prouvé sa valeur. Nombreux sont ceux qui ont eu l'opportunité de l'expérimenter. Il m'était apparu lors d'un temps révolu, mais j'ai aussitôt révisé mes idées, manquant de vigueur et de ressources financières pour affronter un tel enjeu.

BRIAN. Quand on est la fille de l'un des plus prépondérants magmas de la finance, ça prête à rire.

CASSIE. Son obsession durable se traduit par une recherche incessante du profit ; toutefois, il en arrive à la conclusion que le monde du spectacle ne constitue pas un domaine d'activité lucrative. Par ailleurs, comme tu le sais sans doute, il ne suffit pas de prononcer des mots pour que la réalité suive.

BRIAN. Je n'ai évoqué qu'une idée, mais je n'ai pas abordé le sujet de manière directe, car je voulais d'abord savoir où tu en étais mentalement.

CASSIE. À quoi bon s'efforcer d'expliquer avec limpidité et rigueur à un esprit récalcitrant qui refuse d'admettre les évidences ? Cela fait des mois que je demeure figée dans l'ignorance et l'abandon, laissant mon esprit se dépouiller de sa substance. Pourtant, je sens en moi l'appel de cette évidence : je suis prête à tout sacrifier pour me remettre au travail.

BRIAN. Les occasions de briller ne sont pas légion, et il ne serait guère avisé de supposer qu'elles se renouvelleront de sitôt. Il devient donc crucial d'être en mesure de profiter d'une chance au moment opportun. Actuellement, le projet de *Salomé* est en phase de montage, mais il manque encore trois cent mille euros pour boucler le budget. L'œuvre en gestation aspire ardemment à trouver un mécène réceptif, prêt à soutenir la floraison de sa production.

CASSIE. La question pour laquelle tu as retrouvé le chemin de ma porte vient d'être éclaircie. L'offre est tentante, mais elle comporte des lacunes. Il va falloir que tu m'en dises un peu plus si tu veux que nous allions plus en avant.

BRIAN. Pourquoi se plonger dans les subtilités d'une marche à suivre que tu maîtrises déjà ? Tout ce que je pourrais dire ne ferait que souligner ton expertise.

CASSIE. Néanmoins, on constate que certaines aubaines se transforment en utopie, ce qui amène ensuite le moment de la désillusion qui peut nous faire perdre notre plaisir de vivre et nos rêves. Cette perspective m'élève, mais en même temps, elle m'angoisse.

BRIAN. Les incertitudes que tu ressens sont légitimes, car ce domaine t'est encore étranger. Personne ne te pousse dans une impasse ; toutefois, garde en mémoire que chaque minute d'attente accroît la probabilité de voir cette chance se volatiliser.

CASSIE. Évaluer ce dont je suis capable ou non est essentiel, mais je suis consciente qu'il y a des aspects que je ne peux pas évaluer, sauf dans mes domaines de compétence. Si je ne m'interroge pas sur moi-même, je risque de ne pas voir mes atouts ni mes failles et ainsi, de ne pas développer ma confiance.

BRIAN. Avec le temps, tu as construit un cocon de croyances et de certitudes, rendant difficile la prise de conscience de ce qui est en dehors. Il est donc crucial que tu repenses et que tu ouvres la porte à de possibles évolutions dans ton existence. Certes, cette réflexion peut susciter des peurs et des incertitudes, et il et normal d'hésiter. Cependant, si tu souhaites améliorer ta carrière, il est essentiel de dominer ton appréhension. Si tu réussis cela, tu auras la possibilité d'apprécier les bénéfices, tant sur le plan professionnel que personnel.

CASSIE. Ce n'est point la transformation qui m'effraie, mais la perspective d'entamer des pratiques pour lesquelles je ne me sens guère préparée. En scrutant le procédé, on réalise que le seul bouleversement réside dans l'apport financier destiné à améliorer notre condition, tout en pesant les bénéfices et les désagréments. Or, débourser des sommes n'est nullement un chemin garanti vers la renommée ; il est crucial que notre esprit soit captivant et qu'il suscite l'envie d'être aperçu, tout en requérant, en ce qui me concerne, une dose de patience et de soutien.

BRIAN. Tu as l'attrait d'une connaissance approfondie de toi-même, capable de discerner non seulement l'abondance de tes vertus, mais aussi quelques imperfections, hélas, connues dans le milieu. Rien n'est jamais assuré dans cette vie, néanmoins, tu n'apparaîtras pas comme Belsunce, les mains vides, tendues vers le ciel. Tu disposeras d'un argument substantiel et de la promesse de satisfaire la majorité de leurs exigences.

CASSIE. Cette démarche réinvente mes connaissances et mes comportements, et bien qu'elle m'inquiète par son intensité, elle n'en demeure pas moins révélatrice d'une vérité éclatante. Depuis des siècles, j'aspirais à une telle offre ; il est vrai que je me serais sans doute réjouie de pouvoir m'en abstraire par infatuation, mais je sais me satisfaire de cette réalité, consciente que cette occasion ne se représentera pas de sitôt.

BRIAN. Je me félicite de voir que tu as embrassé le chemin de la sagesse, mais souviens-toi d'une vérité essentielle : ceux qui offrent se lassent rapidement du silence, et les propositions comme celle-ci font vite le tour du métier. Ne tarde pas, car d'autres sont prêts à faire main basse sur ce que tu détiens. Voici l'instant propice pour tourner la page sur des périodes moins réjouissantes et ranimer l'intérêt dans ta vie. Ne laisse pas glisser cette occasion entre tes doigts. Je ferai tout mon possible pour t'assister, mais je crains de ne pouvoir, à mon grand regret, formuler les arguments qui convaincraient les potentiels financiers de ce projet.

CASSIE. J'ai l'intention de me battre et je mettrai à profit toutes les ressources mises à ma disposition pour obtenir le capital demandé.

2 . Manipulation

Le lendemain.

VINCENT. À quoi penses-tu ?

CASSIE. À tout ce que nous avons fait et à tout ce que nous aurions dû faire.

VINCENT. Les décisions que nous avons prises dans le passé ne sont pas nécessairement celles que nous prendrions aujourd'hui.

CASSIE. Si je devais revivre ma vie à l'envers, je ne suis pas certaine que je ne commettrais pas les mêmes erreurs.

VINCENT. Analyser les choix de vie qui résultent d'acquis dans des domaines variés comme le travail, l'amitié ou la famille peut sans doute aider à mieux se préparer face aux épreuves futures. Cela dit, je dois t'avouer que je n'en suis pas entièrement persuadé.

CASSIE. Nous avons pourtant réussi à surmonter les étapes de la vie à deux.

VINCENT. Comme tu sembles vouloir en parler, je dois te dire que je me suis souvent interrogé sur l'impact que ton influence pouvait avoir sur moi. J'ai souvent eu l'impression que tu essayais de diriger mes émotions et mes pensées, que ce soit de manière constructive ou destructrice. Ce qui me dérange, c'est que cela semble être une méthode réfléchie et systématique pour obtenir ce que tu souhaites, sans tenir compte de mes propres besoins et envies.

CASSIE. Avant de dévoiler tes désirs, il est primordial que tu apprennes à les éprouver ; en l'absence de cette connexion intérieure, comment pourrais-tu espérer les cerner ? Et de de ce fait, comment pourrais-je, moi-même, y répondre de manière adéquate ?

VINCENT. Je tiens à clarifier que ma préoccupation porte sur le pouvoir que tu exerces à mon égard.

CASSIE. Tu as continuellement eu la liberté de tes choix, et les décisions que nous prendrons demain ne dérogeront pas à cette norme. Toutefois, il est impératif que tu prennes conscience du fait que je n'ai jamais désiré influencer ta destinée. Il me semble regrettable que tu aies pu envisager cela.

VINCENT. Il est inévitable qu'un seuil se présente, à un instant où il devient crucial de confronter certaines réalités afin d'éviter un éventuel débordement. C'est pourquoi j'ai décidé d'aborder cette question, dans l'espoir d'anticiper les épreuves qui pourraient se dresser devant nous. Même si tes requêtes peuvent être considérées comme légitimes, je dois te faire savoir que je ne pourrais pas à tout bout de champ y répondre favorablement.

CASSIE. En évoquant notre itinéraire commun, souviens-toi que mes prières visaient avant tout à obtenir un soutien moral, et, parfois, une aide financière que je considérais comme équitable. Si jamais tu ressens des remords, cela signifierait alors que tes gestes étaient motivés par le désir de me faire plaisir, mais non sans réticence. Et si tel était le cas, je crains que cela ne me cause une grande déception. Néanmoins, je tiens à affirmer que je n'ai jamais cherché à influencer la direction de ta vie.

VINCENT. Dans mon dévouement constant à ton égard, j'ai agi sans être convaincu de la légitimité des tes entreprises, poussé par la crainte de te décevoir. Certes, par un caprice du sort, tu as su, à maintes reprises, tenir parole, pourtant des dérapages fâcheux ont également eu lieu, entraînant des conséquences déplorables. Comme tu peux l'imaginer, j'ai toujours réussi à remonter la pente, mais je ne peux m'empêcher de ressentir une certaine amertume ; je me suis senti trompé et, à ma façon, j'ai été complice de tes échecs. Il est important pour moi de te faire part de mes doutes et de mes craintes quant à un éventuel dépassement des limites.

CASSIE. Les désagréments que l'existence, dans sa malice, s'amuse parfois à nous réserver ne doivent jamais être pris à la légère ; ils se glissent partout, nous escortant à chaque pas. Il m'est arrivé, comme à tant d'autres, de succomber à une confiance excessive et à une propension fâcheuse à agir trop hâtivement. Pourtant, ces péripéties m'ont prodigué d'inestimables leçons, car les erreurs que j'ai commises, je ne les répéterai probablement pas.

VINCENT. À mon humble avis, croire cela serait une faute. Je remarque une fois de plus que tu as cette désagréable tendance à tirer des conclusions trop rapidement. Il est important que tu saisisses que rien n'est permanent. Ce qui arrive une fois peut se reproduire, car nous ne sommes pas infaillibles. Les erreurs que nous avons commises par le passé pourraient se renouveler si nous ne faisons pas attention.

CASSIE. C'est avec une profonde surprise que je découvre que tu ne me vois pas comme l'unique coupable au cœur de cette fâcheuse mésaventure. Il est, en effet, salutaire de partager autant les réussites que les insuccès, car cela témoigne d'une réelle cohésion entre nous, et non de l'existence de deux entités distinctes que l'on ne pourrait réunir.

VINCENT. Ces derniers temps, je ressens un malaise face à ton comportement, quelque chose d'indéfinissable qui m'intrigue et me trouble. Je me demande de quel manque tu pourrais souffrir.

CASSIE. Si tu as perçu cette étrange sensation qui m'envahit depuis un certain temps, c'est que, malgré mes efforts, je peine à en masquer l'ampleur. Je traverse une période de ma vie où l'incertitude tant sur le plan professionnel qu'intime perturbe mon existence. Je ressens un besoin impérieux de stabiliser mes fondations, alors que je me trouve engluée dans l'imprévisibilité du lendemain. Voilà plusieurs années que nous partageons notre quotidien en tant que couple non reconnu, sans ancrage dans les lois, la raison ou même l'équité. Nous avons été contraints de nous contenter de cette situation, et tu en connais les raisons. Nous en avons tous les deux souffert, moi dans l'ombre tandis que toi, tu t'exprimais de façon plus manifeste, du moins au début de notre vie commune. C'est cela que j'aspire à changer.

VINCENT. J'avais pressenti que tu aborderais ce sujet, c'est pourquoi j'ai pris les devants d'une certaine manière, car il me semble, si je ne m'égare point, que cette façon de faire pourrait s'apparenter à une demande indirecte, et pour le moins discutable, visant à institutionnaliser notre situation. Malheureusement, le changement, loin d'être un bienfait, peut se révéler contraignant, nous poussant à abandonner nos vieilles habitudes pour en adopter de nouvelles. Ce processus peut être source de stress, de dépenses élevés, et parfois même se transformer en une force destructrice.

CASSIE. Cela pourrait aussi occasionner un renouveau de désirs ardents, ouvrant la voie à l'élaboration de projets novateurs, capables de nous mener vers une tranquillité d'esprit, indispensable à notre éclosion et à l'aboutissement d'une reconnaissance méritée.

VINCENT. Cette proclamation, à la fois voilée et inattendue, aurait pu toucher mon âme et apaiser un manque que j'ai, de mon côté, également laissé sans soulagement jusqu'à présent, si elle n'était pas à même de causer un préjudice. Tandis que tu participais à ton cours de remise à niveau avec ton professeur de chant, Brian, par le biais d'une conversation téléphonique, m'a informé de ton projet. Je connais le montant de la somme dont tu as besoin. Ce qui me préoccupe et suscite en moi une certaine appréhension, c'est de connaître la véritable raison ayant inspiré cette demande.

CASSIE. Elle est manifeste, et je n'éprouve point le besoin de l'occulter, pourtant elle peut, hélas, être interprétée de manière erronée ou, plus tragiquement encore, être mal comprise. On m'invite à m'associer, contre participation financière, à une grande aventure, ce qui pourrait enfin me permettre de concrétiser les attentes que j'ai ardemment nourries depuis le lancement de ma carrière. C'est là une cause de joie et d'allégresse qui m'incite à exprimer, par cette consécration, ma satisfaction d'avoir enfin l'occasion de réaliser mes désirs les plus profonds.

VINCENT. La réflexion qui m'habite désormais s'interroge sur la légitimité avec laquelle je pourrais apprécier une telle supplication provenant d'une personne déjà engagée dans les liens sacrés du mariage.

CASSIE. Il est assurément délicat de concilier ces éléments, voire quelque peu déroutant, sauf bien entendu si l'on se projette dans un avenir proche où les empêchements à l'accomplissement de notre but n'auront plus lieu d'être.

VINCENT. Je remarque à mon tour, que tu as pris l'initiative d'agir sans attendre l'aval de mon approbation, engageant ainsi ce qui, sans cela, aurait pu nous opposer. Cela fait plus de trois décennies que tu me joues le même refrain, souvent lorsque tu désires solliciter quelque chose. Cette joie, bien que non partagée, pourrait ne constituer qu'une opportunité de bâtir un climat de confiance en vue d'autres choses. Ce que j'aimerais désormais comprendre, c'est le bénéfice que tu pourrais en retirer.

CASSIE. Les mots, privés de substance, révèlent que le véritable enjeu réside dans le désir ardent d'unir et de partager chaque fragment de notre existence.

VINCENT. Voilà déjà un temps ancestral que nous morcelons ces instants, sans qu'il ait été nécessaire de les formaliser. Ce qui aurait pu nous entraîner vers les abîmes se modifie en une douce évidence : vivre à deux devient plus aisé dans la liberté. Les choses s'harmonisent ainsi, et je ne perçois guère de raison de bouleverser ce qui, en vérité, nous a permis de surmonter les tumultes, même si notre union repose sur un équilibre précaire. Si, désormais, une requête t'habite, il serait préférable d'en venir à l'essentiel.

CASSIE. Seule une personne dénuée de jugement refuserait de continuer à exister.

VINCENT. Lorsqu'il nous arrive de ne atteindre nos objectifs, il est fréquent de ressentir une insatisfaction, mais cela provient souvent d'un manque de prudence. Avant de commencer un projet, il est essentiel de s'assurer de sa viabilité, même si cela ne garantit rien.

CASSIE. Lorsque l'on s'aventure seul dans les méandres d'une entreprise hasardeuse, dans un domaine dont on ignore tout, sans aucune préparation préalable ni étude de marché approfondie, il apparaît inévitablement que les ombres de l'échec se profilent à l'horizon. En revanche, lorsqu'il s'agit d'une entreprise réputée, exempte de revers, l'optimisme trouve sa place, accompagné de cette douce satisfaction d'avoir été pourvu de bienheureux atouts.

VINCENT. Cette vision enchantée s'apparente à un mirage, dénué de toute substance dans la réalité et un grand nombre de néophytes en ont subi le prolongement. La connaissance, l'expérience, et le talent, indubitablement précieux, exigent un sacrifice, et il me semble inacceptable, pour quelqu'un comme moi, qui évolue dans le monde des affaires depuis près de quarante ans, qu'une artiste exercée doive régler une contribution pour exercer son art.

CASSIE. Ça peut paraître paradoxale, néanmoins, c'est une pratique courante.

VINCENT. Ça n'empêche pas de faire preuve de logique. On est en droit de se poser des questions quand une entreprise aussi prestigieuse est obligée de racler les fonds de tiroirs pour équilibrer ses dépenses.

CASSIE. Pour appréhender la situation, il convient de savoir qu'une partie du spectacle est financée par l'État à hauteur de quarante pour cent, tandis que le reste, provient des recettes de l'opéra de Paris et éventuellement, quand cela s'avère nécessaire, du mécénat.

VINCENT. En d'autres termes, lorsque les espoirs des uns s'effondrent, signifiant qu'une entreprise ne se déroule pas comme les plans l'avaient prévu, ils en sont réduit à faire appel aux deniers du peuple. Le montant qu'ils requière, en vérité, ne représente pour eux qu'un risque relativement modeste. Il est certainement arrivé qu'ils soient confrontés à des désillusions d'une ampleur bien plus considérable, surtout lorsque les Parisiens furent contraints de rester enfermés chez eux. Pourtant, ces péripéties variées et imprévues, face auxquelles l'être humain est démuni, doivent être considérées avec la plus grande attention, car même si cette illustre institution, au cœur de l'agitation urbaine, semble faire fi du danger, il est essentiel de garder à l'esprit que l'absence de risque demeure une chimère.

CASSIE. Les risques, en tant qu'éléments indissociables de notre existence, émaillent chacun de nos instants, quels que soient les lieux. Si nous daignions prendre conscience de cette vérité, il nous serait impossible de quitter le refuge de notre foyer. Pourtant, ce sont ceux qui, animés par l'audace, ont embrassé l'inconnu pour transcender leur condition, qui, bien que confrontés à des revers, possèdent la force de se relever. Je n'ai point l'intention de te blâmer, car je suis persuadée que tu n'es pas pleinement conscient du sérieux qui entoure l'élaboration d'un spectacle, ainsi que des individus qui, en coulisse, s'investissent dans cette démarche. J'espère donc que tu verras désormais mon écot sous un angle nouveau et que tu envisageras de m'accorder, au moins, la possibilité de défendre ma cause.

VINCENT. Certaines causes semblent condamnées dès le départ, tandis que d'autres méritent l'attention qu'on leur porte. J'ai toujours pris en compte tes sollicitations et cette fois-ci ne fera pas exception.Toutefois, je ressens une gêne à propos de l'origine de cette opportunité, particulièrement en ce qui concerne ton impresario. Je dois t'avouer que j'éprouve envers lui une aversion certaine, le considérant comme un être nuisible et incompétent, en qui il serait imprudent de placer sa confiance. Certes, il n'est qu'un intermédiaire, mais avant de te réjouir de cette situation, si j'étais à ta place, je préférerais rencontrer les véritables intervenants.

CASSIE. J'ai eu l'honneur d'exercer ma voix à de nombreuses reprises au sein du Garnier, non pas toujours sous les feux des projecteurs, mais assez fréquemment pour tisser des liens étroits avec un bon nombre des collaborateurs de ce lieu. Je pourrais même affirmer avoir cultivé des relations que l'on pourrait qualifier d'amicales avec certains d'entre eux. Je n'ai pas attendu qu'une main secourable m'invite à faire mon apparition ; l'agitation palpable sur place m'a tout de même mise dans une certaine gêne. Néanmoins, j'ai eu l'occasion d'échanger avec le metteur en scène, un ami de longue date avec qui j'ai partagé de nombreux projets. Il semblait être accaparé par mille préoccupations, faisant preuve d'une diplomatie délicate en me signifiant qu'il s'occuperait des modalités contractuelles avec Brian.

VINCENT. Ce que je redoutais se réalise, et il nous faudra prêter une attention particulière à cet aspect qui pourrait influencer les pourparlers. Il sera donc impératif de veiller à éviter tout écart de conduite. Je suis conscient que tu m'accuses souvent d'être sur mes gardes à son égard, mais au regard de conséquences qu'il a eues sur ta carrière, une appréhension réside en moi. Cette nouvelle opportunité pourrait bien lui offrir la chance d'achever son œuvre. Il t'a mené en bateau depuis le début, et toi, en adoptant le principe qu'il est préférable d'espérer plutôt que de rester inactif, tu considères chaque mot qu'il prononce comme une vérité révélée.

CASSIE. Ta perception, bien qu'elle puisse contenir quelques grains de vérité, s'avère néanmoins déphasée par rapport à la réalité. Il est vrai qu'il est prédisposé à trancher sans chercher à me consulter, une habitude qui a engendré moult différends. En revanche, au gré de nos échanges, je dois admettre qu'il a, à maintes reprises, su orchestrer des ententes que j'aurais, pour ma part, trouvées inaccessibles.

VINCENT. Il t'a fait un tort considérable alors que ton avenir semblait radieux, en haussant sans gêne le montant de tes prestations dans le but d'augmenter sa rémunération déjà excessive. Le contrecoup fut aussitôt ressenti : nombreux sont ceux qui t'accusèrent d'avoir eu un comportement insensé. Ton nom, jadis en lettres d'or, a disparu, à présent nettoyé de l'image que tu avais patiemment construite. Tout ce qu'il a à t'offrir aujourd'hui ne s'apparente qu'à une illusion, un guet-apens dans lequel tu risques de te perdre, laissant derrière toi une part de ton essence.

CASSIE. Il viendra un moment où l'on encouragera chacun à assumer ses devoirs, en valorisant l'expression individuelle pour maximiser les contributions de tous. Cela conduira à la création d'un collectif engagé, œuvrant en accord pour en tirer des bénéfices mutuels.

VINCENT. Ainsi, l'art risque de se muer en un milieu élitiste, où seuls les plus nantis pourront se faire remarquer. Pour ceux qui n'auront pas eu la chance d'arriver dans la vie sous une étoile bienveillante, il sera crucial de trouver des financements, sans lesquels le talent n'aura plus de raison d'être. Si je n'étais pas à tes côtés pour t'aider à traverser les moments difficiles, ta vie ressemblerait à celle d'une multitude de nos concitoyens qui, par manque d'options, doivent observer les autres s'amuser, attendant vainement qu'un parent hypothétique leur lègue sa fortune.

CASSIE. Ce jour là, il se pourrait que je ne sois pas la seule à espérer son apparition, d'autres, sans doute, en tireront parti, car je reconnais l'importance des instants que l'on m'offre. Je souhaite remercier ceux qui, par leur soutien, ont facilité mon chemin durant les épreuves.

VINCENT. Jamais ils n'auraient la hardiesse d'exiger tant, cependant, si par un étrange coup du sort cela survenait, ils ne manqueraient pas d'exprimer leur reconnaissance.

CASSIE. Il y a des choses dont on ne parle pas, mais qui sont inscrite dans le temps.

VINCENT. Dans l'urgence, il serait sage de se pencher sur l'actualité afin de garantir la pérennité de ce projet. La nécessité d'une vente efficace s'impose, car les financeurs potentiels sont rares. Je ferai de mon mieux, mais je te prie de na pas considérer cela comme un engagement ferme. À ce stade, je n'ai pas encore consenti à cet accord, et il te faudra à coup sûr trouver le complément, car je ne pourrai jamais dégager une somme d'une telle envergure. En dehors de ton père, je peine à voir qui pourrait discerner des solutions dans la hâte, car de telles actions ne sauraient perdurer. Peut-être est-il temps d'admettre que votre lien repose essentiellement sur des motifs administratifs.

CASSIE. Pour apprécier ce qui fait la valeur réelle de nos relations, il faudrait partager les instants que je passe avec lui.

VINCENT. Je remarque avec une certaine constance qu'il n'a jamais manifesté une générosité notable à ton égard ; en revanche, lorsqu'il s'agit de faire prospérer ses propres intérêts, rien ne semble pouvoir l'entraver. Il t'a laissé sur le seuil, et son jugement est sans appel.

CASSIE. La recherche du plaisir est accessible à chacun, bien que nos affinités dans des domaines spécifiques varient d'une personne à une autre. Cela ne sous-entend pas que l'absence d'enthousiasme équivaut à de l'hostilité. Je ne me rappelle pas qu'il ait fait preuve d'arrogance.

VINCENT. J'ai constamment consacré le temps nécessaire à

la réflexion avant de prendre une décision, examinant avec soin les tenants et les aboutissants de chaque problème qui s'est présenté à moi. Je crains que, pour eux, tu ne sois qu'une simple solution acceptable, qu'ils devront amener à la raison. Il est probable qu'ils soient les seuls à tirer profit de cette transaction, te laissant dans une position de vulnérabilité. Mon unique intention est de te protéger.

CASSIE. Il m'est douloureux de penser que tu ne portes guère en haute estime cet environnement qui m'entoure. Tu as constamment évolué parmi des charognards affamés, où la parole n'est qu'une bribe sans valeur, reléguée au rang de poussière. Tes idéaux, hélas, semblent étrangers aux univers du spectacle ; bien que nous ayons nos propres prédateurs, ils ne sont en rien compatibles, leurs attaques ne s'exerçant que contre ceux qu'ils estiment plus délétère qu'eux.

VINCENT. Je n'aspire qu'à susciter ta croyance ; cependant, je persiste à croire que toutes les strates de la société agissent de la même façon, et lorsque les enjeux prennent une importance capitale, nous croisons des personnes prêtes à tout pour atteindre leurs fins.

CASSIE. Par une volonté consciente, j'ai mis de côté des vérités de notre nature, redoutant de perdre l'éclat de mes illusions, tout en laissant le dégoût s'immiscer en moi comme une ombre persistante.

VINCENT. À la lumière de ce détail désormais clarifié, il serait opportun de nous engager résolument sur le chemin des avancées à venir.

CASSIE. Autrefois, j'éprouvais une certaine aversion face à l'idée de devoir acquitter un prix pour chanter, une pensée qui me paraissait aberrante. Toutefois, après mûre réflexion, j'en suis venue à réaliser que cela pourrait constituer pour moi une opportunité.

VINCENT. Je sais que cette occasion, qui se présente dans ta vie à un moment déterminant, ne se reproduira sans doute jamais. C'est dans cet esprit que j'ai porté une attention particulière à tes arguments et à tes aspirations. Hélas, si pour une raison obscure ce projet devait échouer, j'ai peur que tu ne me considères comme la source de nos maux, et que cela n'entraîne l'ultime déclin de notre union. C'est la raison pour laquelle j'éprouve le besoin d'établir certaines dispositions et de revendiquer quelques clarifications. C'est donc dans cette optique que j'ai résolu de t'avancer la moitié de la somme dont tu as besoin, de manière à ce que tu ne sois pas prise au dépourvu dans les négociations qui se profilent.

CASSIE. Ta démarche est pleinement justifiée, et je n'ai nullement l'intention de m'en exempter. Cela dit, il est important de réaliser que certaines de tes requêtes risquent de ne pas recevoir d'écho, l'avancée de notre projet étant encore à un stade précoce.

VINCENT. Dans le cadre de cette temporalité éphémère qui échappe à ce qui est fortuit, il te faudra régulariser le capital dans le temps qui t'est alloué, celui qui correspond à la durée de ce spectacle évanescent. Tu m'as tellement accoutumé à ne point retrouver ce que tu as laissé derrière toi.

CASSIE. Je préfère ne pas me souvenir de ce que j'ai laissé derrière moi, car vivre dans le passé pourrait nuire à mon futur.

VINCENT. Il est temps, à présent, de te procurer ce qui te manque, et pour cela, tu devras persuader un loup que jamais un agneau ne fut une menace pour lui. Bien que chaque prédateur dissimule une vulnérabilité, il est peu probable qu'en vieillissant, le loup ait trouvé la voie de la sagesse et de la compréhension.

CASSIE. En prenant le temps d'approfondir l'horizon avec discernement, d'écouter avec une attention renouvelée et de saisir que certaines exigences, au lieu d'être nuisibles, se révèlent porteuses de bienfaits, on parvient, sans même se poser de questions, à obtenir ce qui, autrement, aurait pu engendrer un refus.

VINCENT. Nous ne formons qu'une entité ; l'aversion qu'il me confère, il t'en réserve une belle portion. Nous sommes là, en surface, sans être inclus dans le cercle clos. Il est hautement probable qu'à nouveau, il restera sourd à tes supplications. Sans cette aide incontournable, quel sera ton destin ?

CASSIE. Il est indiscutable que la durabilité des cette entreprise repose sur des fondations fragiles, mais, en cas de refus, je me verrais forcée de tourner la page, sauf si une solution judicieuse venait à se manifester. Néanmoins, j'ose penser que nous aurons l'opportunité d'aborder de nouveau le sujet.

VINCENT. Je me suis souvent interrogé sur les motivations qui pouvaient amener cet homme à se comporter envers toi de cette manière. Il est possible, en effet, d'éprouver, avec le temps, une sorte de ressentiment à l'égard de ceux qui nous sont inconnus, mais il est rare que cela s'applique à nos proches. Cela nécessite des raisons qui échappent à la simple rationalité. Quelles offenses as-tu commises pour qu'elles atteignent de telles profondeurs abyssales ?

CASSIE. Parmi les souvenirs que je tiens à préserver, se trouve cette vérité que je ne veux plus évoquer. Remuer la poussière du passé, c'est risquer de déterrer un secret dérangeant.

3 . Mauvais tour

Un jour de pluie à l'heure du thé.

CASSIE. Tu es celui dont l'absence se fait sentir, et lorsque, par un rare bonheur, tu daignes nous faire part de ton existence, il est vrai que nous souhaiterions tant être libérés de ce besoin qui te rattache à nous. Pourrais-tu encore, s'il te plaît, répondre à quelques exigences pour moi ?

BRIAN. La situation s'est transformée en un enchevêtrement d'obstacles ; je dois justifier la pertinence de ma tâche, ce qui n'est guère aisé, crois moi. Le statut d'agent est resté dans l'ombre, dénué d'appréciation ; autrefois, à l'époque où les richesses coulaient à flots, nous étions entourés de soutien. Cela appartient à un temps où la vie paraissait douce. Un virus et une inflation démesurée ont opéré un bouleversement radical, faisant de nous une charge dont la profession souhaiterait se défaire. J'ai dû braver l'hostilité d'une partie de la direction, qui semble mépriser notre temps comme s'il n'avait aucune valeur.

CASSIE. À maintes reprises, je me suis interrogée sur les raisons qui me poussaient encore à t'accorder ma confiance, alors que ton silence communicatif devient chaque jour plus pesant. J'aimerais vivement que tu fasses un pas vers moi, que tu prennes en compte mes pensées plutôt que de me laisser dans les ombres de ton abîme. Il me semble que je ne suis qu'un simple pion entre tes mains, soumis à ta volonté.

BRIAN. Je saisis ton désarroi, cependant, je suis désolé de ne pouvoir, en raison du temps qui me manque, te tenir informée des évolutions intervenus dans les négociations, tant celles-ci se métamorphoses à un rythme si rapide et si imprévu qu'elles en deviennent presque ingérables. Je préfère attendre l'arrivée des mots réconfortants.

CASSIE. Il n'en demeure pas moins qu'un inconvénient de taille se présente à moi : être confrontée à ce fait accompli me cause un certain mécontentement. Ainsi, il me semble nécessaire d'introduire le propos par des mots qui irritent, le chèque ayant été déjà encaissé.

BRIAN. Il n'était pas destiné à être mis sous verre. Il fallait que ça arrive à un moment ou à un autre.

CASSIE. Ce chèque en blanc revêtait une valeur profonde, destiné à attester de ma bonne volonté, plutôt que d'être un simple justificatif. Pourtant, une fois de plus, tu as trahi ma confiance, et désormais, je me questionne sur la réelle connaissance que j'ai de toi. Es-tu même conscient de l'acte que tu viens de commettre ? Les changements inattendus, qui perturbent nos rituels quotidiens, sont pour chacun un fardeau lourd à porter. Cet argent, je le rappelle, n'est pas le mien, et je suis dans l'obligation de justifier mes actions.

BRIAN. Parfois, il faut recourir à des stratégies extrêmes pour emporter une décision. Certains membres du comité directeur ont voulu imposer une autre cantatrice, car je dois te dire que tu ne faisais pas l'unanimité. C'est l'appui du metteur en scène qui m'a permis d'avoir gain de cause. Comment voulais-tu, dans ces conditions, que je t'appelle pour obtenir ton approbation ?

CASSIE. Il est indéniable qu'il existe des circonstances où le choix nous fait défaut. Ce qui m'inquiète davantage, c'est que cet argument fallacieux semble avoir été évoqué dans le but manifeste de conférer à ses concepteurs une position de domination. Quoique tu te présentes en virtuose de la négociation, je redoute d'avoir été prise au piège d'une tromperie habilement orchestrée, accordant à ces êtres la chance de réviser les conditions en leur faveur. J'aimerais maintenant savoir si les promesses qui avaient été faites ont été tenues.

BRIAN. Une fraction des entrées se chiffrant à cinq pour cent, était perçue comme un affront. J'ai été contraint dans de renégocier les termes, l'opinion en tête, la machine à calculer à la main. Il est indéniable que ce spectacle ne s'étendra pas sur plusieurs mois, et il te faut recouvrer, dans cet intervalle, ton investissement, accompagné d'un profit substantiel, afin de justifier les risques que tu as pris. Le montant considéré comme raisonnable était de trois pour cent, mais grâce à celui que tu juges incompétent, tu as réussi à obtenir quatre pour cent. Je dois maintenant te confesser que ce résultat est fort inattendu. D'après mes calculs, tu devrais retrouver, une fois ton avance déduite, une somme équitable.

CASSIE. C'est une odyssée, à la fois personnelle et partagée, emplie de difficultés depuis le jour où tu en as esquissé les contours. Le sommeil me fuit, en proie à l'épouvante d'une immersion dans l'inconnu. Les ombres de l'incertitude et des soucis pécuniaires, telles des spectres, hantent mes pensées, perturbant l'équilibre que je ne sais sauvegarder. Néanmoins, en moi se livre une lutte frénétique : car, si je renonce à cette quête, je condamnerai mon esprit à une éternelle rancœur.

BRIAN. Lorsqu'on a toujours fait route sous le bienveillant regard des autres, imperceptiblement soutenu dans chaque bataille, il est inévitable de ressentir un poids oppressant lorsque l'on se retrouve soudainement contraint d'endosser des responsabilités. Cette pression, parfois écrasante, peut s'avérer difficile à dompter. Il est essentiel de comprendre qu'aucun profit ne peut s'obtenir sans privations.

CASSIE. Cependant, il arrive que la personne sur laquelle nous comptions y mette de la mauvaise volonté : nous nous retrouvons alors désemparés sans savoir quel chemin nous devrons suivre pour obtenir ce qui nous fait, hélas, cruellement défaut.

BRIAN. Ton père comparé à une branche pourrie d'un arbre fatigué, n'a jamais été le soutien que tu espérais. Or, il se trouve que j'ai en ma possession un document précieux qui pourrait t'aider à défendre ta cause : le contrat définitif. Voilà un moyen de lui prouver que l'argent qu'il envisage de te fournir ne sera pas un don perdu. Cependant, si, malgré cela, il refuse, cela signifiera que tu t'es égarée de la bonne route, alors que tes espoirs étaient, en fait, orientés dans la direction opposée de la tienne.

CASSIE. Ce contrat que tu tiens fébrilement entre tes mains, en l'attente d'une signature, pourrait être le moyen ultime de mettre fin au débat ?

BRIAN. Il faudra, à un moment ou à un autre, que tu fasses preuve de constance, si tu ne le fais pas, tu le regretteras amèrement.

CASSIE. Si je ne signe pas, que se passera-t-il ?

BRIAN. Tu connaissais leurs attentes, et tu comprenais qu'il serait futile de répondre si tu ne pouvais pas garantir ta parole. Ils n'accepterons jamais de faire les choses à moitié ; il leur faudra l'intégralité de l'engagement initial ou rien du tout. Dans notre cercle, la parole donnée revêt une importance équivalente à une signature, et pour eux, cet accord est aussi solide que le roc. Ils doivent aller de l'avant, et même s'ils ont pu feindre d'ignorer tes écarts, il est fort probable qu'ils ne tolèrent pas cette récidive. Je ne saurais te prédire leurs réactions, mais il est probable que cette rupture scelle définitivement le sort de ta carrière. Le retour en arrière n'est plus envisageable.

CASSIE. Il y a des influences plus néfastes que d'autres dans leurs effets.

BRIAN. Ton ardeur débordante me faisait croire que rien au monde ne pourrait se mettre en travers de ton chemin. Je n'aurais jamais envisagé que tu abandonnerais si aisément. Le temps t'est encore favorable ; les épreuves réellement graves ne se sont pas encore manifestées. Tu bénéficies d'un répit, une opportunité qui pourrait t'aider à dénicher ce qui te fait défaut. Signe, cela n'altérera guère le cours des choses.

Faisant contre mauvaise fortune bon cœur, elle signe.

4 . L'enquêteur

Onze heures.
Cassie entre avec des sacs à provisions dans ses mains, elle se dirige vers la cuisine, mais en pleine course, elle oublie de refermer la porte. Un bref instant plus tard, un homme fait son apparition. Il frappe à la porte une première fois, puis une seconde, sans obtenir de réponse.
Il pénètre dans l'appartement. Cassie de retour.

DARYL. Il se pourrait que ma présence inopinée au seuil de votre demeure vous surprenne, sans que je n'aie eu l'occasion de me présenter. Néanmoins, permettez-moi de vous révéler que, bien que cela ne se traduise guère par mon apparence, je suis policier. Si j'ai franchi le seuil de votre appartement, c'est en raison d'une porte laissée ouverte, qui, sans aucun signe de vie à l'intérieur, semble indiquer, d'un point de vue professionnel, possibilité d'un danger immédiat.

CASSIE. Il y a une foule de métiers, mais il est également possible de prétendre à une vocation qui ne reflète pas notre essence. Je vous demande de bien vouloir justifier votre identité et, par la même occasion, de m'expliquer ce que vous faites dans mon salon. Votre récit sur la détection des moindres exceptions me semble peu crédible.

DARYL *(montrant sa carte)*. C'est tout à fait légitime, et j'aurais dû en prendre l'initiative. Cependant, un heureux hasard a peut-être contribué à orienter ma recherche. Auriez-vous l'honneur d'être madame Cassie Sanders ? Si c'est le cas, vous êtes la personne que je souhaitais rencontrer.

CASSIE. Il arrive que le destin, dans son imprévisibilité, se révèle fort utile ; il nous permet d'excuser des écarts de conduite qui, sans cela, pourraient nous plonger dans l'embarras. Cela-dit, cette fois-ci, ce même hasard aura permis de créer un lien entre deux personnes qui, sans lui, n'auraient jamais eu l'occasion de se rencontrer. Ainsi, je me permets de vous confirmer que je suis bien la personne en question.

DARYL. Malgré tout, il est indéniable que ma venue n'est pas fortuite ; il est une tâche à laquelle je me dois de m'atteler. Il arrive que nous nous déplaçions sans ardeur, étant incapables de justifier notre démarche. Il s'agit cette fois d'un événement que nous craignons, car il nous paraît ne pas vraiment nous appartenir. Pourtant, la mort d'un homme ne constitue pas une rareté, et le décès de votre père vous touche en profondeur.

CASSIE. Ce faire-part, si dépouillé de convenance, trahit une étonnante muflerie, provenant d'une personne habituée à côtoyer les vestiges de l'existence. Si pour lui, cette réalité n'est qu'une fadeur indifférente, il convient de rappeler que pour d'autres, cela représente un désordre sensitif inouï, suscitant des réactions capables de perturber gravement l'équilibre mental de ceux qui ont perdu un être cher.

DARYL. Il est indéniable que l'image que l'on se forge de nous-mêmes est souvent empreinte de fausses certitudes ; pourtant, il est vrai que certains trépas peuvent éveiller en nous une émotion intense. Toutefois, cela ne vous concerne pas, car, à l'instar de bien d'autres, vous pouvez, à certains moments, faire preuve d'une retenue qui masque l'intensité des sentiments que vous souhaiteriez révéler. Dans vos prunelles, je ne perçois pas la souffrance que vous devriez porter, certains parviennent mieux que d'autres à masquer leur chagrin.

CASSIE. Parfois, les situations nous incitent à n'apercevoir dans le regard des autres que l'aspect qui nous arrange. Simuler des émotions d'une manière douteuse ; sitôt le rideau abaissé, revient à jouer un rôle douteux. Quel est ce besoin irrésistible qui vous habite, et jusqu'où serez-vous prêt à aller pour le satisfaire ?

DARYL. Le superflu, j'ai appris à en faire abstraction ; quant à ce qui est crucial, j'ai, en revanche, pris l'habitude d'en tirer satisfaction. Je ne suis point ici pour partager la douleur qui vous étreint, qu'elle soit feinte ou authentique. J'ai une tâche à accompli, et il vous sera nécessaire de faire preuve de souplesse. Désormais, vous êtes engagée dans les bouleversements à venir ; je ne suis pas uniquement un messager de désolation, mais le porteur d'une institution à laquelle les citoyens doivent, en temps voulu, manifester leur bonne volonté en interrogeant leurs devoirs. Il serait préférable que vous vous en imprégniez.

CASSIE. Se perdre dans les méandres de l'obscurité, sacrifier sa vie par dévotion amoureuse, céder aux pulsions de la chair sans trahir l'intimité de son être, lorsque les autres n'ont plus de place dans le replis de votre cœur. Ce n'est pas l'amour qui vous ôte la vie, mais une autre source de souffrance... Cette notion pourrait éclairer l'arrivée d'un fonctionnaire de police, dont les occupations, en d'autres temps, l'auraient sûrement conduit vers des affaires autres.

DARYL. Cela fait maintenant plus de trois décennies que je me rends sur des scènes de crimes que beaucoup de mes collègues évitent, de peur de mettre en péril leur avenir. J'ai été témoin de situations si complexes que même l'enquêteur le plus érudit aurait du mal à s'y retrouver. Je pensais avoir tout vu, mais personne n'est à l'abri d'une surprise.

CASSIE. Deux compartiments de surprises peuplent notre existence : celles qui nous inondent de joie et parfois d'une douce allégresse, et celles qui, à l'opposé, nous contrarient ou nous plongent dans le désespoir. Ce constat, présenté comme une explication, laisse entrevoir que, quand il nous est possible d'interpréter le message avec discernement, que les fondements de notre tourment ne sont peut-être pas dus à des causes naturelles.

DARYL. Quand les inquiétudes de la médecine s'éveillent, notre intervention devient nécessaire. Effectivement, il se pourrait que sa mort ne résulte pas de causes naturelles. Pour l'heure, une seule certitude demeure : il est décédé à la suite d'une étourderie si improbable qu'elle suscite de vives suspicions.

CASSIE. La simplicité n'a jamais été l'une de ses qualités ; tout au long de sa vie, il s'est efforcé de rendre les choses plus compliquées qu'elles ne l'étaient, si bien qu'il aurait été surprenant que sa mort fasse exception à la règle.

DARYL. Ce monde m'est étranger. Je me heurte souvent à des situations sordides, mais guère à l'excellence. Hélas, je n'ai pas le temps d'apprendre les us et coutumes de ce cercle qui n'accueille que ceux qui peuvent prétendre y appartenir. Cela dit, je tiens à être honnête : je pense qu'il existe des individus peu recommandables dans tous les milieux.

CASSIE. Certaines pratiques ne sont pas blâmables, mais elles peuvent être aussi néfastes qu'un coup de couteau dans le dos.

DARYL. Un nombre considérable de rumeurs ont circulé au sujet de la réputation de votre père. Bien qu'il ne soit pas apprécié de tous, ses méthodes de management ayant été remises en question à de nombreuses reprises, certaines allégations, néanmoins, semblaient justifiées.

CASSIE. Opter pour la réussite entraîne souvent des fiels ; les critiques deviennent alors un moyen d'afficher son acharnement envers ceux que l'on désire atteindre. Cette réalité est bien connue dans l'univers du divertissement.

DARYL. Engagé dans de multiples intrigues suspectes, il a habilement navigué dans les tumultes de la légalité, s'appuyant sur des ruses astucieuses et le soutien de favorables alliés, qui lui ont offert une bulle d'immunité contre les répercutions judiciaires et les critiques acerbes des médias.

CASSIE. Si vous croyez qu'il a été épargné, c'est que vous devez éviter de lire des publications à sensation. J'ai suivi attentivement toutes ces affaires, et dans chacune d'elles, il a été acquitté, car elles manquaient de fondement.

DARYL. Le fait qu'il n'avait pas seulement des amis, est désormais incontestable, et même si l'on pourrait croire qu'il s'agit d'un simple règlement de comptes, je suis persuadé qu'il s'agit en réalité d'un homicide motivé par des intérêts matériels.

CASSIE. Il ne me revient pas de vous initier aux subtilités de votre spécialité ; pourtant, il semble que vous optez pour une voie sommaire qui ne débouche sur rien de concluant. Il serait sage d'attendre de disposer de plus d'informations avant d'émettre des avis trop rapides.

DARYL. J'ai une méthode spécifique que j'emploie. Bien qu'elle ait été remise en question au début, elle a par la suite été reconnue pour son efficacité. Le doute fait partie intégrante de ma tâche. Nous allons aborder divers sujets, mais cela ne signifie pas que j'ai déjà des convictions ; elles se développeront peut-être avec le temps.

CASSIE. Je suis, moi-même, parfois, victime du syndrome de la complexification. Il est vrai que le doute est le berceau de la sagesse, mais des extrapolations farfelues pourraient vous conduire à déambuler dans un labyrinthe d'absurdité.

DARYL. J'ai toujours retrouvé ma voie, quelles que soient les tempêtes qui font rage autour de moi. Même lorsque les informations se dérobent, certaines vérités s'imposent, telles des silhouettes éternelles : des blessures équivoques, des portes closes n'entravant l'accès d'aucun, des traces manquantes qui militent en faveur de la prudence, un corps inanimé allongé sur un lit de manière inappropriée, suggérant qu'il est hors de son Royaume, ainsi qu'un faisceau d'indices qui toisent l'extraordinaire.

CASSIE. Un cosmos d'illusion qui s'éloigne fréquemment de la réalité ; la consécration ne se trouve en aucune manière dans l'irréel. L'imagination, quand elle forge avec soin, se révèle précieuse, mais, si elle s'emballe et se manifeste de manière inopportune, elle nous entraîne à faire de biens regrettables bévues.

DARYL. La pléiade des étapes à suivre exige de commencer par envisager des cheminements variées. Par ailleurs, nous déduisons que, dans notre domaine, aucune information n'est à négliger ; toutes celles qui pourraient faire avancer nos investigations revêtent une importance cruciale. Cela explique en partie ma présence ici.

CASSIE. C'est avec une sincère volonté que je m'engage à répondre à vos attentes, pourtant ma vision de l'essentiel s'avère se distancer fondamentalement de la vôtre. En tant qu'artiste lyrique, mon esprit se consacre pleinement à mon art. Il arrive, à de rares occasions, que je fasse preuve d'une certaine lucidité sur le monde qui s'étend autour de moi, un univers dépouillé de ses ornements, parfois cruel à contempler. Je chéris l'insouciance des êtres qui, par choix ou instinct, refusent de croître. Ainsi, je crains que mes perceptions ne soient en décalage avec les espérances que vous nourrissez à mon égard.

DARYL. Je me ferai un devoir d'interpréter ces composantes selon la perspective que vous avez soigneusement tissée au sein de cette bulle dont vous avez modelé la forme. Mais n'est-il pas vrai que, davantage qu'un simple rempart contre le monde extérieur, cette bulle pourrait également être un chemin vers une existence plus enviable que celle de la multitude ? Hélas, il se pourrait qu'elle se dresse aussi comme une frontière infranchissable, repoussant ceux dont vous aspirer pourtant à attirer l'attention, laissant peu de place pour quiconque dans ce sanctuaire que vous avez façonné.

CASSIE. Si j'éprouvais du dédain pour les autres, je ne me livrerais point à ce métier ; en vérité, il est inimaginable d'exister sans la présence des autres. Privés de compagnie, nos voix résonneraient en vain dans des espaces dénués d'âmes. Nous nous retrouverions seuls à lutter contre les épreuves. Mais il est vrai que naviguer dans l'insouciance peut nous faire perdre de vue les feux qui consument notre existence aux deux extrémités, et lorsque la réalité vient nous saisir, elle suscite en nous une crainte profonde.

DARYL. La réalité, bien qu'on feigne de l'ignorer, finit sans fin par se rappeler à nous, tantôt douce , tantôt amère. Les souvenirs, qu'ils soient doux ou cruels, restent ancrés en nous. Un père a son importance dans l'existence d'une femme, et même lorsque les choses ne se déroulent pas selon nos souhaits, aucune protection, si élaborée soit-elle, ne saurait nous préserver des désillusions.

CASSIE. Un lien durable se tisse au fil des années, il est basé sur la confiance et le respect. Seulement, les choses ne sont pas censées se conformer à un modèle ou à des règles prédéterminées. Elles se déterminent en fonction de ce qui a déjà été réalisé et toujours de façon relative, dans une situation donnée. Le refus d'accueillir la métamorphose limite l'ardeur à exister et à permettre aux autres d'exister en toute plénitude.

DARYL Il était aussi le reflet d'une part de vous même, en

espérant un changement, c'est peut-être vous même que vous vouliez changer.

CASSIE. Le jugement que nous avions l'un de l'autre a évolué peu à peu. Nous avons modifié notre mémoire, le moindre désaccord augmentant l'espace qu'il y avait entre-nous.

DARYL. Quelle raison pourrait bien pousser un individu à se mettre en porte-à-faux avec celle qui incarne l'essence même de son existence ?

CASSIE. Il y a des âmes à la recherche de raisons, qui, dans leur errance, n'en découvrent point et finissent par en broder de fictives. Ce ne fut point le sort de ma mère, dont l'incapacité à donner le jour à d'autres enfants était manifeste. Ainsi, tel beaucoup de ces magnats, il eût désiré que je prenne son relais. Toutefois, je n'étais point naïve : je comprenais que cela s'étayait sur l'absence d'autre choix. Ainsi, lorsque après avoir terminé mes études secondaires, je lui révélai mon souhait d'embrasser la carrière lyrique, je fus témoin de son effarement. Son regard se figea, et son silence parlait plus que tous les discours qu'il aurait pu formuler. Depuis ce jour et jusqu'à sa mort, j'ai perçu sur son visage l'ombre d'une déception incommensurable.

DARYL. Elle se devait d'être à la hauteur de ses espérances, car sans quoi, je ne saurais concevoir comment il aurait pu justifier une telle ténacité. C'est là le prix à payer pour les choses dont on finit par se défaire lorsqu'on chérit son enfant. Votre vie vous appartenait, et il aurait dû saisir que vous étiez libre d'administrer votre destinée. De plus, il avait assurément d'autres inquiétudes ; ces contrariétés ne sont que des fardeaux accessoires lorsque l'on doit assumer la responsabilité qui lui incombait.

CASSIE. On pourrait être enclin à le croire, mais la réalité était autre : il désirait régenter chaque chose, imposant sa volonté sans y être convié, et en l'absence de règles, il ne saurait y avoir d'exception.

DARYL. Je n'aurais jamais souhaité servir un supérieur de cette nature, car même la plus infime des erreurs devait être punie avec une rigueur sans relâche.

CASSIE. Son sang coule dans vos veines !

DARYL. Et dans les vôtres !

CASSIE. Depuis que vous êtes ici, vous n'avez pas manqué de le mettre en cause à de maintes reprises, toutefois, j'ai des doutes sur votre capacité à tolérer les égarements des autres, peu importe lesquelles. En émettant des critiques, vous portez en fait un jugement sur vous-même, car je crois que vos façons d'agir ne sont pas très différentes des siennes.

DARYL. Il est indéniable que la fonction qui ma été confiée ne vise pas à légitimer des comportements condamnables, mais à compiler des éléments pour ensuite transmettre les preuves requises à la justice. Si j'avais voulu que les choses soient autres, j'aurais choisi un autre métier. La clémence ne figure pas dans mon arsenal de policier. Cela dit, les contradictions m'ont toujours laissé perplexe : un homme à la personnalité froide, capable de ne pas rester indifférent, est une rareté.

CASSIE. Il était prédestiné à ne pas devenir un être commun, il faudra vous y faire. J'éprouve des doutes concernant votre méthode d'étude des relations intimes des âmes que vous mettez sur la sellette, car il semble que vous manquiez d'éléments substantiels à leur sujet. Vos données, issues de sources dissemblables, semblent relater les rumeurs qui se transmettent de bouche à oreille. J'émets une réserve à l'égard de ceux qui s'acharnent à saisir les mots au premier degré, délaissant ainsi la richesse du bon sens.

DARYL. C'est fil de ma vie, mon essence même, et je ne suis pas le seul à emprunter cette voie. Cependant, j'ai pris conscience que ces données peuvent être sujet à caution, manipulés, ou, pire encore, erronés. J'ai alors appris à maintenir en tête le primordial, tout en demeurant vigilant face aux autres. Cela dit, quelques évidences s'imposent d'elles-mêmes, se vérifiant par les faits. Il avait envisagé de vous déshériter. En aviez-vous discuté, entre-vous ?

CASSIE. Non.

DARYL. Ça vous surprend ?

CASSIE. Le rapport que l'on peut avoir avec l'argent en prenant de l'âge est proportionnel à la suspicion excessive que l'on entretien à l'égard d'autrui. Il est fréquent que ça devienne obsessionnel.

DARYL. Vous pensez qu'il était atteint de sénilité ?

CASSIE. Non, je n'ai jamais énoncé cela ; c'est une lecture erronée de mes mots ! Il se trouvait dans un contexte où la lutte est omniprésente, un véritable champ de bataille où, pour perdurer, il est vital de se défendre contre ceux qui veulent prendre votre place. Cet état de fait ne saurait être considéré comme une forme d'aliénation.

DARYL. À votre place, j'aurais le sentiment d'être victime d'une grande injustice.

CASSIE. Envisager, sous un certain angle, de réaliser une action ne peut pas être considéré comme une décision définitive. Il serait donc plus juste de dire qu'il avait peut-être décidé de rédiger un testament, sans vraiment savoir ce qu'il souhaitait y inscrire. Je remarque, encore une fois, que vous avez tendance à prévoir les choses de manière hasardeuse faute de mieux.

DARYL. Sans vouloir prétendre détenir la clé de la sagesse. Il apparaît que, après des années de vie commune dans la discrétion, votre compagnon, qui se hisse à un poste clé dans une société d'assurance dont il est également associé, aurait pu à tout moment songer à vous éloigner de son monde, vous laissant sans recours. Votre obéissance aurait été alors l'unique option, et, à votre place, j'aurais redouté de m'asseoir sur ce que j'aurais ressenti comme un siège éjectable. Cependant, cela est antérieur à cet événement tragique qui vous offre enfin votre indépendance et la liberté de faire ce que vous désirez. Pourtant, il semblerait que la confiance que l'on a envers l'autre n'est pas à coup sûr besoin d'être légalisée. Votre compagnon semble en être convaincu. Il a fait un prêt de cent cinquante mille euros qu'il a fait virer sur votre compte.

CASSIE. Certes, cette affirmation est juste, mais elle évoque un passé récent, où l'impératif se faisait lourdement sentir, où ma survie dépendait de cette nécessité pécuniaire pour maintenir ma présence sur scène, afin que mon nom ne soit pas effacé du tableau.

DARYL. Le malheur ne s'impose pas toujours avec le poids des désagréments ; il peut, à l'occasion, se révéler porteur d'une chance inespérée, celle qui attendait d'être cueillie ou celle à laquelle on aurait pu faire prendre un nouvel élan. Néanmoins, cette opportunité ne se présente qu'à ceux qui, sans fardeau sur la conscience, n'ont rien à redouter. En effet, comment espérer profiter des joies de l'existence tant que l'on reste enchaîné par des remords ? Pour progresser, il est essentiel de respecter ses promesses et de tenir ses engagements. Si votre père n'avait pas décidé de quitter ce monde au moment opportun, comment auriez-vous pu réunir l'argent qui vous manquait ?

CASSIE. Parmi les quelques individus capables de me fournir un appui, il brillait par sa rareté. Malgré l'aversion qu'il n'avait cessé de manifester à mon égard, j'avais cette fois dans ma manche des arguments palpables, en mesure de réorienter sa décision en ma direction. Par ailleurs, il demeure toujours possible de dégager une issue ou d'établir un accord propice à un compromis bénéfique.

DARYL. Il existe des défis qui semblent insurmontables, tel que réussir à ébranler les convictions d'un homme de caractère. C'est en ce sens que je reste dubitatif, car s'il avait agi ainsi, ce n'eût été que pour satisfaire votre désir, et j'ai de solides raisons de croire qu'il n'était pas enclin de se plier à cette exigence.

CASSIE. J'ai besoin d'argent promptement. Les formalités officielles vont être longues. Je ne toucherai pas le moindre centimes avant plusieurs mois.

DARYL. Avec un justificatif du notaire, votre banquier vous avancera les fonds sans problème.

CASSIE. Au moment où nous parlons, je ne suis sûre de rien.

DARYL. Votre agent, en perpétuelle confrontation avec les services fiscaux, se retrouve sous la menace de leur regard précautionneux depuis des années. Sa comptabilité, loin d'être irréprochable, l'a amené à perdre la confiance de son banquier qui refuse désormais de lui accorder du crédit. Cependant, sans la moindre réticence, vous lui remettez un chèque de cent cinquante mille euros, sans avoir eu la sagesse d'y apposer un ordre ?

CASSIE. Vous semblez connaître plus de choses sur ma vie que je n'en connais moi-même.

DARYL. Cela fait partie de mes attributions. La visite que j'ai rendue à votre impresario a été moins courtoise que celle que nous avons actuellement. Ses antécédents ne lui ont pas permis de finasser ! Il a répondu à nos questions sans détour. On s'éloigne du comportement d'une spécialiste des affaires que tout incite à la prudence, ne trouvez-vous pas ?

CASSIE. Se comporter avec élégance et dignité en chaque occasion, tel est le chemin que nous devrions tous suivre pour mériter le respect universel. Veuillez me pardonnez, car il m'arrive de laisser libre cours aux murmures de mon être.

DARYL. Vous acceptez, avec une indubitable bonne volonté de suivre les conventions préalablement établies, mais vous refusez d'être mise sur la sellette.

CASSIE. Une forme de culture immédiate qui ne recourt pas au raisonnement est une logique que je ne partage pas.

DARYL. Elle m'a permis de résoudre de nombreuses affaires.

CASSIE. C'est un mécanisme perfectible qui se perd et se dissipe dans les méandres d'un cerveau complexe.

DARYL. Faire intrusion dans un foyer, lorsque l'on se sent un peu chez-soi, devient un divertissement enfantin ; ce n'est pas seulement une échappatoire simpliste.

CASSIE. Quand vos traits se dévoilent, ils évoquent le fruit d'une carrière acharnée, commencée dès votre premier cri, coiffé d'un képi, le bâton blanc comme une épée dans la main, et le sifflet tel un signe éloquent, cherchant à réguler l'effervescence du quotidien laborieux. Je ne sais pas si c'est le chant du lyrisme qui m'a choisi, ou si c'est moi, errante, qui l'ai trouvé, mais ce que je sais avec conviction, c'est que nous avons été conçus, l'un comme l'autre, pour incarner ce que nous manifestons aujourd'hui.

DARYL. La photographie tant voilée que vous détenez de ma personne ne saurait être considérée comme contractuelle ; j'ose même dire qu'elle n'est guère le reflet fidèle de ma réalité. À l'origine, j'envisageais une carrière d'avocat, mais au terme de mon parcours académique, j'ai été confronté aux crises conjugales, aux escarmouches de voisinage et à d'autres affaires, parfois abjectes. Ce fut à cet instant que je compris que ma véritable vocation n'avait pas encore été pleinement explorée, attendant patiemment d'être mise en lumière.

CASSIE. Néanmoins, en ne la trouvant pas, vous avez ainsi découvert le fondement même de votre existence.

DARYL. La lutte sans fin entre le mal et le bien nécessite d'explorer l'éventualité ; en s'intéressant à la probabilité, d'un homicide, il devient aisé de deviner la volonté de métamorphoser un fait divers en un triste accident du quotidien. Si cette manœuvre s'avère efficace, elle est le reflet d'un savoir-faire certain. Une transformation dans le cours des événements aurait pu nous fournir de plus amples éclaircissements, néanmoins l'instant présent ne peut remplacer les preuves essentielles ; en leur absence, notre poids face à la justice reste insignifiant. Il se pourrait fort que l'on doive se conformer à cette réalité, à moins qu'un heureux événement ne vienne troubler l'ordre établi. En cela, ils ne sauraient s'enorgueillir de l'opportunité de s'acquitter totalement de leur peine, car la préméditation, indiscutable, pèse sur leurs épaules comme un fardeau. Il est fort probable que vous n'ayez plus jamais de mes nouvelles. J'ai su entrer, je saurai sortir, ne vous dérangez pas !

5 . L'importun

Fin d'après-midi. Appartement de Vincent.

VINCENT. Quand la mort se dévoile, elle exerce un charme irrésistible sur les prédateurs, ces êtres infâmes en quête d'une part de chimère, que l'avidité leur promet avec une intensité inattendue. Ainsi, celui qui semblait s'être évaporé de nos souvenirs a cru opportun de s'immiscer dans un débat qui ne le concernait guère, invoquant une prétendue appartenance.

TERRY. Notre but est d'éviter que celui qui parle pour les autres s'argue d'un droit Divin. Avant de continuer, il est impératif que vous vous en inspiriez, sinon je choisirai un autre chemin pour atteindre mes objectifs.

VINCENT. J'adopterai une attitude conciliante, non pas dans le but de vous plaire, mais pour honorer le souhait d'une personne qui compte beaucoup pour moi. Elle a refusé de vous rencontrer par peur de débordements contraires aux usages et à la courtoisie, étant habituée depuis qu'elle vous a quitté à côtoyer des gens civilisés.

TERRY. Nous avons progressé, certes, mais de façon variée ; le monde avance à un rythme plus lent que le nôtre, et nous demeurons dans l'incertitude quant à la direction que tout cela prendra, peut-être même vers l'extrémité du précipice. J'avais envisagé croiser le chemin d'une âme instruite et à l'esprit mesuré, or, je réalise, à présent, que je me heurte à un individu à l'esprit banal, qui s'efforce d'incarner un rôle pour lequel il n'est guère préparé. Faites preuve, à l'avenir, de retenue et de sobriété, où préparer vous à affronter le déchaînement des pires tempêtes.

VINCENT. L'intellect ne saurait ici être une considération, et les émotions que vous ressentez, je m'y identifie également. Mon ressentiment découle de cette fâcheuse tendance, que certains ont, à s'inviter à ma table sans avoir reçu de faire-part. Sachez que je prends votre menace très au sérieux ; votre récit, loin de vous servir, justifie plutôt ma vigilance. Cet avis empreint d'animosité, ne présage rien de salutaire.

TERRY. Votre sens très particulier de l'accueil n'encourage pas vos invités à faire preuve de convivialité.

VINCENT. Imprégnez-vous d'une réflexion nouvelle lorsque les circonstances le permettront ; envisagez à quoi pourrait correspondre votre approche, et ainsi, vous discernerez l'authentique insignifiance qui l'habite. Je tiens à clarifier que le rôle qui m'a été assigné ne me ravit guère, mais je suis contraint de l'assumer, donc il serait agréable que vous n'y ajoutiez pas votre animosité, car notre présence ici sert avant tout à éclaircir un malentendu qui n'aurait jamais dû se produire.

TERRY. J'espère que vous percevrez mon indisposition : négocier avec un intermédiaire dont le lien avec le sujet est faible laisse présager des difficultés de compréhension.

VINCENT. Cela fait une éternité que nous avons pris congé de notre ingénuité, et désormais, nous discernons avec acuité les véritables intentions dissimulés sous les actions des autres. Nous nous efforçons avant tout de défendre nos propres intérêts, qui s'offrent à nous sous un jour évident, tout comme vos motivations, qui ne sont point exemptes d'une certaine matérialité.

TERRY. On ne peut échapper à l'emprise de son passé. Vous pensiez pouvoir évoluer en toute liberté, cependant, votre indifférence face aux normes sociales vous a conduit à négliger vos devoirs. Il vous incombe désormais de réparer les préjudices que vous avez occasionnés.

VINCENT. On ne peut, hélas, se vanter d'être dans son bon droit alors même que l'on a ignoré les lois qui régissent notre existence. Vous n'êtes guère irréprochable, et il serait incongru de laisser croire le contraire. Comment pourrait-on véritablement prendre au sérieux une personne dont la seule source de savoir se résume aux ragots des cercles huppés, servant uniquement à apprendre le décès de celui dont il pourrait tirer avantage ?

TERRY. On aimerait, quand l'occasion se présente, faire preuve d'originalité. J'aurais voulu satisfaire votre soif d'insolite. Malheureusement, il n'en sera rien, c'est une banale visite de police qui m'a appris la mort du vieux.

VINCENT. Ce triste concours de circonstances, qui semble se diriger vers l'excès, est nuisible à notre réputation et façonne une image mensongère de notre existence. Il est d'autant plus regrettable que certains, dans ce tumulte, pourraient s'emparer de l'occasion pour afficher leur dépit, et je crains que vous soyez de ceux-là. C'est en ce sens que je souhaite établir des éclaircissements : ne tenter pas d'en profiter, car cela se retournerait soudainement contre vos intérêts.

TERRY. On ne peut guère entraver les imaginations des hommes, et les rumeurs, telles des traînées de poudre, se propagent frénétiquement. En débattre pourrait, en effet, troubler le fil de cette entrevue, mais il arrive parfois que l'on soit tiraillé par un irrépressible besoin de s'exprimer, même au détriment d'une question cruciale. Je dois vous confesser que, si cette malheureuse affaire devait entacher votre intégrité, cela ne me causerait guère de chagrin, car je fais partie de ces âmes convaincus qu'il arrive que le désir de fortune transforme certains êtres en véritables sauvages.

VINCENT. À cette étape où vous vous investissez pleinement dans la thématique qui nous occupe, il m'apparaît que vous ne pouvez cacher vos véritables intentions. Votre présence ne se réduit pas à un désir avide de profit, même dubitatif ; vous souhaitez également admirer ce qui, de prime abord, semble sans justification : les tourments d'un individu que vous abhorrez et dont vous espérez voir s'évanouir les prospérités. En s'attardant sur la bosse du dromadaire, on oublie souvent qu'on demeure un chameau ; ainsi, votre passé tend à vous acheminer vers les renfoncements les plus sombres, et vous cherchez, avec hostilité, à démontrer que ceux que vous n'aimez pas ne sont pas honorables. Je n'ose me permettre de formuler un jugement à votre égard, tant je demeure étranger à votre histoire, cependant, je redoute l'emprise de votre rancœur, qui pourrait altérer la pureté de votre expertise. N'oubliez pas que les personnes susceptibles de changer comprennent également celles qui vous entourent, car si vous êtes venu demander ce qui vous revient, cela signifie que vous faites partie de cet entourage.

TERRY. Celui qui, d'un choix intentionnel, s'engage sur le chemin de la vie devra affronter le châtiment, peu importe le cours des événements. Il serait sage que vous preniez conscience de cette vérité, car ce drame, qu'elles qu'en soient les circonstances, ne vous apportera que des tracas. Malgré vos tentatives de manœuvre, une ombre de doute persistera toujours, vous poursuivant comme un spectre tout au long de votre existence.

VINCENT. L'envie de vengeance est un moyen de se faire justice. Certains en font leur cheval de bataille et ne vive que pour ce désir qui les consume.

TERRY. Pour mettre en pratique la loi du talion, il est essentiel de suivre ses principes : une main pour une main, une vie pour une vie.

VINCENT. Réparer une blessure implique des sacrifices. On peut y perdre sa liberté.

TERRY. Ceux qui en souffrent ont été abandonnés, trahis par leur entourage familial !

VINCENT. Nous pouvons tous être blessés. Nous avons donc tout à fait le droit d'avoir des sensations négatives envers la personne qui nous a fait du mal. Cependant, à force de maintenir de façon permanente ce souvenir douloureux, on finit par perdre son identité.

TERRY. Nutriments de l'âme, il est impensable de se gorger uniquement des souvenirs sombres du passé. Mes récentes entreprises, expériences palpables, passions naissantes et relations tissées, m'ont offert le moyen de restaurer ma dignité. Pourtant, ne vous y laissé pas prendre ; c'est peut-être de ce policier providentiel que viendra ma véritable satisfaction, car je dois vous avouer que j'éprouverai un cruel plaisir à vous voir en proie à la destruction.

VINCENT. Lorsque l'heure sera venue, je me plierais à son ambition ; toutefois, si le but qu'il convoite lui échappe, il lui faudra explorer d'autres cibles. Sa visite, en vérité, ne devait rien au hasard.

TERRY. Ses perspectives ne m'incluent guère, et son regard s'évoque vers une tierce personne, que je reconnais comme étant mon épouse.

VINCENT. Il est pittoresque de constater comment certaines

personnes peuvent s'approprier des états sur lesquels ils ne détiennent plus qu'un droit symbolique.

TERRY. On est toujours mariés, vous savez.

VINCENT. Que trop !

TERRY. Lorsque l'on promet solennellement, devant Dieu et l'humanité, de fonder une union qui donnera vie à deux enfants, une telle promesse incise en nous des cicatrices indélébiles, tant sur le plan éthique que corporel. Plutôt que d'opter pour des compromis afin de concilier carrière et vie familiale, elle a choisi de nous abandonner de façon soudaine, arguant que notre existence était le fléau de son échec professionnel.

VINCENT. À l'heure où le désamour se révèle, il est souvent trop tard. Afin de progresser, il est fondamental d'étouffer sa vanité. Il est essentiel de prendre du recul et d'accepter qu'un comportement empreint de réflexion s'avérera plus fructueux. La précipitation et cette colère que vous peinez à maîtriser ont dû vous conduire vers des choix regrettables. Vous avez opté pour l'opposition, une voie qui freine le progrès tout en alimentant une animosité qui s'accroît avec le temps. Ainsi, chaque prétexte s'est vu authentifié afin d'entraver les initiatives de l'autre, provoquant un refus de divorce et privant une mère d'un droit capital dans l'espoir qu'un jour on pourra obtenir cette réparation morale tant espérée.

TERRY. Pour bien raconter les histoires, il est impératif d'en saisir le sens, ou, à défaut, de les façonner au fil de l'eau, en prenant le risque de ne jamais atteindre une fin acceptable. Dans ce qui ne vous touche guère, vous n'êtes même pas un simple spectateur, car nous ne possédons aucune image de ce drame. Vous vous appuyez sur des conjectures intimes pour faire entendre un écho partisan, rendant ainsi vos propos dénués de toute valeur. Quant à moi, je ne ressens guère une admiration accrue à votre encontre ; cependant, à la différence de votre position, je m'abstiens de jugement, car je dois confesser que je vous perçois comme un être d'une insignifiance telle que vos avis ne méritent aucune considération.

VINCENT. Malgré le fait que les motivations justifiant cette hostilité m'importent peu, et ne ressentant pas pour des raisons évidentes, le besoin de m'engager dans un dialogue diplomatique, je tiens à affirmer que je n'ai jamais interféré dans vos dissensions, que ce soit durant votre cohabitation ou lors de votre séparation. Il est à noter que j'ai rencontré Cassie que deux ans après la fin de votre relation. Bien que je n'aie pas eu l'opportunité de participer à cette débâcle, je déplore d'avoir souvent été contraint d''endurer les récits de vos nombreux écarts de conduite, révélateurs qui, bien que parfois influencées par l'actualité, en particulier les moments pénibles vécus pas Cassie, m'ont laissé perplexe. Par ailleurs, je constate une fois de plus que vous avez l'art de reprocher aux autres vos propres errances, ce qui vous confère une dimension incroyable.

TERRY. Lors de notre séparation, des vagues d'espoir et de désillusion se succédaient, oscillant entre des temps où tout paraissait encore à portée de main et d'autres où le découragement nous poussait à renoncer. Puis, comme un éclair dans la nuit, elle a coupé les liens, et aujourd'hui je saisis la raison profonde de ce geste. N'allez pas prétendre que votre omniprésence n'a jamais pesé sur notre amour. Pourtant, elle apparaissait, les bras chargés, ayant quitté son foyer, rompant ainsi avec l'impératif de la vie maritale. Elle laissait dans son sillage un homme désespéré et deux enfants, tourmentés par le sentiment d'abandon. Bien que d'autres eussent pu être affectés par une telle situation, vous ne l'étiez guère ; pour vous, ils n'étaient que les traquenards sur le chemin d'un idéal qui ne leur était pas destiné. Vous êtes arrivé au moment déterminant où elle as pris conscience que sa solitude ne serait pas apte à soutenir son mode de vie habituel ; elle substitua une âme charitable à une autre.

VINCENT. Elle aspirait à un souffle de liberté, à s'épanouir dans une danse d'ouverture au monde, à ressentir sans réserve son essence de femme. Si vous en aviez pu, vous l'auriez réduite au silence. Vous avez croisé le chemin d'une artiste et, pour assouvir votre besoin de domination, vous auriez voulu la transformer en une entité soumise. Votre dessein ? Anéantir la personnalité de cette âme que vous trouviez trop autonome. On ne saurait apprivoiser le vent, c'est indéniable ; il se meut à sa guise, et l'on ne sait jamais quelle tournure il prendra, s'élevant dans un mouvement incessant, ou, au contraire, s'apaisant lorsque notre besoin se fait ressentir, ou amenant la tempête pour nous mettre à l'épreuve.

TERRY. Je n'ai jamais eu l'ardent désir d'imposer quoi que ce soit ; il me suffisait de voir notre harmonie se dessiner. J'étais, par ailleurs, prêt à endurer les inéluctabilités de l'existence bohème que sa profession m'imposait.

VINCENT. L'acceptation est toujours plus aisée lorsque l'on ne craint plus les conséquences.

TERRY. Votre méconnaissance de ma personne est totale ; il vous faudra faire un long chemin pour vraiment me connaître. Jamais je n'ai eu pour intention de freiner sa passion, bien au contraire, j'ai été son soutien, lui tendant la main lorsque la mélancolie menaçait de la faire reculer. Bien sûr, comme tous les couples, nous avons traversé des épreuves tumultueuses, mais qui pourrait vivre dans l'entente parfaite sans jamais rencontrer d'obstacle ? Ce qu'elle repoussait, c'était l'idée même de notre union, une vision qui éveillait en elle une peur sourde.

VINCENT. À l'instant où les mentalités se heurtent sans relâche, l'unité s'égare vers son propre déclin. Vous auriez dû en mesurer la portée ; pourquoi attendre que le désastre éclate, en rejetant la possibilité d'une action salvatrice ? Vous avez à ce moment-là endossé le fardeau de cet échec. Cultiver un comportement positif se révèle essentiel pour préserver le simulacre d'une considération mutuelle, car les passions éphémères, souvent les plus intenses, nous épargnent des ravages insidieux menant à la répulsion. Vous aviez l'opportunité de côtoyer l'imprévisible, cet ingrédient vital pour fuir la monotonie ; si elle avait perduré, peut-être auriez-vous été celui qui s'en serait allé.

TERRY. L'essentiel n'est point de discerner s'il est préférable d'être celui qui endure ou celui qui s'absente, mais plutôt de saisir véritablement les desseins qui guident chacun. Nos tentatives de démonstrations, hélas, inutiles, révèlent sans doute que votre récit de ce qu'a été notre amour ne peut-être que partiel et biaisé. En vous fondant sur des lambeaux d'expérience, vous projetez inévitablement une opinion élaborée avec une désinvolture apparente et une discutable sincérité, celle de la personne qui partage votre existence.

VINCENT. Je n'ai pas eu l'opportunité d'investir votre monde intérieur, ce qui m'oblige à m'appuyer sur des éléments imparfaits. Par conséquent, je m'abstiendrai de porter un jugement, car il est flagrant que les discours n'ont d'autres desseins que de justifier ce qui ne l'est pas à coup sûr. Toutefois, il est essentiel que vous preniez conscience que certains comportements ne s'expriment qu'en présence de certaines âmes, et si vous parvenez à percevoir cela, vous serez en mesure de mettre les choses en perspective.

TERRY. Telles des ombres vacillantes, nos tergiversations nous on fait oublier la véritable raison de cette entrevue, et je crains qu'elle ne se résume à une tentative qui n'aura pas de suite. J'aimerais que l'effort que cela représente ne soit pas un fardeau insurmontable pour vous, et que vous puissiez lui transmettre ce message : j'ai pris soin de ses enfants, sans qu'aucune âme ne soit venue à mon secours. Je ne prétends pas lui demander la moitié de son héritage, mais uniquement qu'elle honore les sommes que j'aurais pu légitimement revendiquer durant cette longue période de dévouement. Je ne demande rien d'aberrant, seulement qu'elle fasse preuve d'une certaine impartialité.

VINCENT. Je lui transmettrai vos doléances.

6. Illusions perdues

Fin de journée. Ce soir au menu, soupe à la grimace.

CASSIE. Chaque jour, chaque mois, chaque année, il s'est engagé dans l'éradication de sa richesse, se livrant sans retenue à la dépense de l'intégralité de sa fortune. Il a hypothéqué ses biens afin d'obtenir des liquidités qu'il a ensuite dissipées sans discernement, vendant ses actions et tout ce qu'il possédait, comme-si, touché par la grâce, il avait souhaité finir sa vie dans le plus grand dénuement : condition indispensable pour accéder à la vie spirituelle éternelle.

VINCENT. Il devra faire preuve de patiente avant d'atteindre l'ultime rivage, car le sentier tumultueux qu'il s'apprête à fouler ne le conduira, hélas, qu'à un purgatoire où il aura tout le loisir de se repentir de ses fautes.

CASSIE. Espérons qu'il n'y aura pas dans ce monde parallèle une économie de laissez-faire. Il serait capable de rendre dépendant de ses magouilles financières d'autres âmes perdues, les obligeant à payer ce qu'elles pouvaient avoir pour rien.

VINCENT. Ils ne lui donnerons aucune chance de s'épanouir, et il s'éclipsera tel qu'il est apparu. La pauvreté, c'est bien plus qu'une simple absence d'agent ; sans une bienveillante assistance extérieure, elle se mue en une fatalité inévitable. Ils ne lui tendront pas la main.

CASSIE. Il reconfigurera les normes selon ses aspirations, muant l'indigence en prospérité ; ainsi, une dépendance collective naîtra envers l'ordre qu'il aura établi.

VINCENT. Il se pourrait qu'il ne fût pas aussi puissant que l'on aurait pu l'imaginer, car, en dépit des apparences, il n'as pas délibérément laissé échapper tout ce qu'il possédait. À l'instant où le mécanisme se déclenche, tel un cumulus de neige qui dévalerait une pente, entraînant avec lui un torrent irrésistible, on peut conjecturer qu'il ne savait plus endiguer sa chute.

CASSIE. Il a peut-être anticipé cela sans savoir le contrôler, mais il semble qu'il n'ait pas réussi à préserver l'essentiel, nous laissant dans le plus grand désarroi.

VINCENT. Avec un ancrage ferme dans la réalité, il est inutile de se mutiler l'abdomen avec un sabre pour élucider les mystères de ceux qui goûtent au-delà de l'indispensable ; il s'agit d'une logique bien plus complexe à déchiffrer. En vérité, seul un affaiblissement tragique de ses facultés mentales pourrait justifier une telle extravagance.

CASSIE. D'autres empires avant le sien se sont effondrés. Il aurait pu préserver l'essentiel, il a préféré en profiter plutôt que d'en faire cadeau à ses créanciers.

VINCENT. Il n'a fait cadeau d'aucune offrande, ni à autrui ni à sa propre essence, car à mesure qu'il s'enfonçait dans les ténèbres, le plaisir se dérobait, transformant les instants de joie d'hier en sources de contrariétés. Les bras qui l'accueillaient autrefois se sont soudainement refermés sur lui, lui laissant la désespérante étreinte de la solitude.

CASSIE. Cette pauvreté soudaine nous rend notre dignité et fait taire à jamais les commérages.

VINCENT. Piètre compensation au vu du préjudice subi.

CASSIE. Ma désespérance est à la hauteur du nombre de choses à côté desquelles nous venons de passer.

VINCENT. J'aurais observé l'aisance avec laquelle tu aurais dépensé cette fortune tombée des cieux. Tu m'aurais offert, au gré de l'occasion, l'aumône d'une modeste obole, te permettant ainsi de t'acquitter de tes devoirs moraux pour t'assurer que les fantômes ne viennent pas hurler à ta porte durant la nuit. Mais au fil du temps, je serais devenu une charge, un poids que l'on traîne tel un bagage inutile. Toi, en revanche, tu aurais pris ton envol, tandis que moi, resté à terre, j'aurais vécu dans l'isolement, condamné à finir mes jours dans une consigne d'où je ne serais jamais ressorti.

CASSIE. Le triste constat d'un homme qui ne croyait plus en rien ni en personne.

VINCENT. Je mentionnais avec une certain soulagement ce qui ne pourra plus se produire à l'avenir.

CASSIE. Quand les mots blessent, il est préférable de se taire.

VINCENT. J'ai vainement dilapidé mon énergie à essayer de t'ouvrir les yeux ; il était évident que tu n'étais guère en mesure de réaliser une telle tâche. Quand l'esprit erre parmi les nuages, il est sage de confier certaines charges à ceux qui détiennent les aptitudes requises. De surcroît, se résoudre à signer un document contractuel sans en avoir exploré les termes est une démarche des plus insensées.

CASSIE. Qui n'a pas fait au moins une erreur dans sa vie ?

VINCENT. Je n'ai jamais su investir un centime sans espoir d'en récolter au moins trois en retour. La perspective de perdre cent cinquante mille euros m'est fondamentalement intolérable. Je me dois d'appeler ton impresario ; il devra justifier ses agissements. Et si, par un étrange coup du sort, il venait à recevoir ses honoraires alors que nous serions réduits à néant, je me ferai fort de déloger jusqu'au dernier sou au fond de ses poches.

CASSIE. Il serait vain de s'investir avec tant de peine pour des résultats dérisoires ; il est impératif de mettre en œuvre les préceptes énoncés. Les discussions que j'ai eues avec la production m'ont confirmé qu'ils se montrent désormais réfractaires à toute négociation, et nullement l'intervention de Brian ne saura altérer cet état.

VINCENT. Je te prierais de bien vouloir renoncer, si cela ne te dérange pas trop, à croire que cet argent t'appartient véritablement. Pour saisir la nature de ces êtres, il te faudrait connaître leur essence ; leur cœur est aussi froid que la pierre, et ils opèrent dans l'ombre de tes pensées, te soumettant, lorsque le temps le permettra, à des vérités déjà en marche. Il se pourraient même qu'ils aient masqué un atout insoupçonné dans le repli de leurs intentions.

CASSIE. Je pensais avoir suffisamment de force, d'énergie, de moyens pour faire face à un tel défi ; je me suis trompée.

VINCENT. Je te rappelle que nous sommes pressés par le temps. Passé un certain délai, nous serons hors circuit sans aucun recours ni compensation.

CASSIE. Journée après journée, les voiles de l'ignorance se

lèvent, révélant des vérités insoupçonnées sur ma réalité et sur cet entourage qui, loin d'être bienveillant, se révèle d'une malveillance inattendue. Leur attitude, plus que décevante, confine à l'abjection, et ils semblent se réjouir de tirer profit de mes faiblesses. À cette lumière troublante, je suis contrainte de réexaminer mes engagements et de contacter mon banquier pour faire une traversée dans ces eaux troubles.

VINCENT. On ne prête de l'argent qu'à quelqu'un qui est en mesure de le rembourser largement.

CASSIE. Autrefois, l'issue aurait été bien différente, car ce qui paraissait me préserver est devenu, hélas, un fardeau pesant sur mes pas, dans ce flux qui semble me tirer vers un désenchantement d'une telle gravité qu'il pourrait bien m'aspirer dans un gouffre sans limites.

VINCENT. Il faut, le plus souvent, suer sang et eau pour arriver à emmagasiner ce qui nous permettra de nous distinguer du plus grand nombre. S'il ne fait pas forcément le bonheur, l'argent, quand on a su le préserver de nos tentations, permet, à l'occasion, de rétablir un équilibre âprement obtenu. Il te faudrait trois vies pour t'acquitter de tes dettes.

CASSIE. Une centaine d'existences ne suffiraient guère, car lorsque l'on se retrouve seule à affronter l'incompréhension et la traîtrise, il ne reste qu'à mesurer son impuissance. Te joindrais-tu à ceux qui m'observent évoluer sur la surface délicate d'un lac gelé, attendant avec un inquiétude sourde qu'elle cède sous mes pas ?

VINCENT. Tu as longtemps déambulé dans une posture de dépendance, t'accoutumant à puiser sans vergogne dans les ressources d'autrui, tout en omettant d'en exprimer la moindre gratitude. Il est donc fort à parier qu'aujourd'hui, nul ne se montrera enclin à t'offrir un prêt, et comme tant d'autres en quête de soutien, tu seras contrainte de t'armer de résignation, te contentant de ce que tu as, qui, ma foi, semble sur le point de s'évanouir.

CASSIE. De cette manière, je ne ferai que favoriser cette odieuse pratique, celle qui consiste à exploiter la misère, après le passage de ces indésirables profiteurs. Il apparaît manifeste qu'il ne me restera qu'une ombre de souvenirs, empreints de regrets et de remords, puisque je ne garderai que le bon, réservant le mauvais à ceux qui en font usage.

VINCENT. Les erreurs qui t'ont éloignée des sentiers de la raison, tu ne sauras jamais en porter le poids des aléas. Les échos de rumeurs que tu n'as jamais souhaité écouter révèlent une vérité que tu juges comme perfide calomnie, vouée à nuire. Les méthodes que tu prétends abhorrer semblent pourtant être ton refuge lorsque l'opportunité se présente. Tu as travesti, dissimulé des réalités pour égarer ceux qui te portaient foi. Comment pourrais-tu espérer retrouver un soupçon de crédibilité en ces temps troubles ?

CASSIE. Ce contrat que tu me reproches de ne pas avoir lu, tu as commencé à mettre le nez dedans quand il était trop tard. Je n'ai pas à endosser la responsabilité de ta propre négligence.

VINCENT. Ce domaine « réservé » m'a incité à remettre en cause mes principes, c'est une erreur que j'assume.

CASSIE. Cet appartement, bien trop spacieux pour notre duo, pourrait être la solution satisfaisant le plus grand nombre.

VINCENT. L'objectif est évident et sans égards pour l'autre partie : me dépouiller du seul bien que je possède.

CASSIE. Pour conserver ce qui a le plus d'importance à tes yeux, tu devras faire une offrande aux dieux !

VINCENT. Si tu possédais véritablement le don requis, ils ne t'auraient certainement pas piégé dans cette souricière d'argent ; c'est eux qui t'auraient proposé cette aubaine. Trop d'actions se sont précipitées, et elles ont surtout franchi des limites préoccupantes. Je n'ai nulle envie de compromettre, une fois encore, mon bien. À présent, ma générosité exigera une réciprocité, il est crucial que tu prennes enfin les rênes de ta vie en main. Tu dois endosser tes responsabilités et agir avec détermination pour nous tirer du labyrinthe dans lequel tu nous as enfermé.

CASSIE. J'ai longtemps reposé ma confiance sur la force de

ton épaule, assurée qu'elle était faite pour nous abriter, ce réconfort que tu m'offrais n'était rien d'autre qu'un attrait de ta personnalité. Toutefois, j'étais consciente que tu étais en attente du moment où je pourrais à mon tour te rendre cette tranquillité.Ton comportement me confirme que mes certitudes étaient justes.

VINCENT. Cet enrichissement dont tu te faisais l'écho dans l'espoir de transcender ta condition, afin de séduire ceux dont l'attention t'importait tant, n'était rien d'autre qu'une illusion. Je ne t'ai jamais condamnée, ayant compris que cet artifice te semblait nécessaire pour exister. Tu voulais faire croire à ton autonomie, affranchie d'un entourage ingrat qui, à la moindre occasion, se détournait de toi. À l'heure des succès, j'étais réduit à l'ombre, ma présence ne s'affichant que lors des entre-temps sombres d'abandon. J'apprenais à vivre avec cela, porté par mon amour pour toi. À l'occasion, au plus profond de mon être, je tissais un remerciement silencieux au destin, le louant d'avoir choisi que cet individu, dénué de toute promesse, ne fût pas en mesure de partager ce trésor évanescent. Il me préservait de l'odieux fardeau de ces recherches pénibles de prétextes qui ne laissent d'autre choix que de s'en aller. Ta réserve de sympathie s'est épuisée et les douces vibrations de ta présence se sont tues, mettant en avant l'obscurité de ton identité. À présent, le seul lien qui nous assemble est ce secret partagé, dont je me demande s'il suffira. Sacrifier ses propres aspirations pour le bien de l'autre, lorsque cette générosité est réciproque, est source de joie inestimable. Cependant, une déception aigre et cruelle nous contraint à renverser la tendance. Si tu souhaites que je continue à te tendre la main, tu devras restaurer l'équilibre, sans quoi tu te retrouveras seule face à ton échec.

7. Les yeux dans les yeux

La grisaille a envahie Paris.

TERRY. On espère, on attend sans vraiment y croire ; quand il arrive enfin, le moment tant attendu, celui où l'on se retrouve face à face pour évoquer un passé douloureux, les mots nous échappent. Une sensation désagréable nous envahit, celle d'être en présence d'une personne familière, devenue, pour des raisons inévitables, un être distant que l'on ne reconnaît plus.

CASSIE. L'espacement qui s'est ainsi creusé entre nos êtres a entraîné la dislocation de certains souvenirs qui balisaient notre histoire partagée.

TERRY. Les autres, tout comme moi, pâtissent des affres du temps ; qu'il m'eût été doux de retrouver le reflet de celle qui a marqué mon cœur.

CASSIE. La rosée fraîche de la jeunesse s'efface peu à peu, tandis que le fatal troisième âge viendra, tel une ombre menaçante, nous plonger dans les méandres du déclin.

TERRY. C'est dans l'égarement de nos années que nous poursuivons cette élusive Fontaine de Jouvence, enchaînés à un instant que nous aurions affectionné pour l'éternité. Pourtant, cette illusion s'envole, emportée par nos finances et nos aspirations déchues, laissant l'absence de pouvoir modifier les rouages d'une machine que nous avons trop intensément sollicitée.

CASSIE. Nous perdrions notre identité, devenant semblables à une mosaïque incomplète où chaque pièce, asymétrique, questionnerait notre cohérence.

TERRY. Dans l'éventualité où nous nous aventurerions à apprécier les valeurs propres d'un être en nous appuyant sur des critères aussi primitifs, ne risquerions-nous pas de devenir pareils à ces âmes pour qui l'extérieur l'emporte sur toute autre considération, au point de ne plus mériter le respect qui nous est dû ?

CASSIE. Cependant, bien que souvent issues d'une nature propre ou d'une expressivité flamboyante, des attitudes laissent jaillir avec une intensité rare les secrets enfouis dans le sanctuaire de l'intimité d'êtres singuliers.

TERRY. Ce qui me dérange souvent, ce sont les préjugés des personnes qui ont tendance à nous ranger dans des cases et qui, une fois leur jugement posé, ne remettent jamais en question leurs décisions. Toutefois, nous avons le droit de changer et nous ne sommes pas contraints de rester attachés à l'image qu'elles ont de nous.

CASSIE. La diversité est nécessaire pour créer un monde où des gens sincères et sans prétention, mais pleins de bonté, peuvent transmettre cette passion intérieure si souvent absente chez d'autres. Malheureusement, certains, censés enrichir notre existence, choisissent une route opposée, ne laissant derrière eux que des sentiments d'amertume.

TERRY. Il m'est arrivé de me poser la question de ma raison d'être sur cette terre. Malgré mes efforts pour y répondre, l'absence de solution m'a amené à réaliser que je n'avais pas encore identifié ma véritable voie.

CASSIE. Si le parcours que nous suivons n'est pas toujours le bon, il demeure possible de le modifier, à condition, bien entendu, de le désirer et de le faire au moment approprié. Nous avons fait des erreurs, et aujourd'hui nous en faisons les frais, mais ces erreurs peuvent être corrigées. Toutefois, une transformation n'impactera pas notre personnalité de manière notoire, car cette ambivalence entre le bien et le mal que nous peinons parfois à juguler nécessite un profond désir de changement.

TERRY. J'aurais aimé pouvoir affirmer que rien n'est resté inchangé chez moi, mais cela ne serait pas conforme à la réalité. J'essaie de faire preuve de modération, et je ferai un effort pour conserver cela à l'esprit. Si tu envisageais d'adopter une attitude conflictuelle, fais-le avec bon sens, car je préfère ne pas retrouver les moments les plus noirs de notre histoire.

CASSIE. Notre récit est empreint de souffrance, et nul autre ne saurait aussi bien décrire ce qui nous définit. Dès lors, nous sommes bien conscients que, malgré tout ce que nous faisons, la perception que nous avons l'un de l'autre reflétera en grande partie la vérité.

TERRY. Rassure-toi, je garderai mes distances ; la chaleur de ta sympathie et la valeur de ton estime, je saurais m'en abstenir. Nous sommes réunis ici pour affronter l'essentiel, tout ce qui serait superflu risquerait de ternir notre joie.

CASSIE. Je ne veux pas que tu croies que je suppose que tes intentions sont pures, puisque nous savons bien qu'elles sont guidées par des intérêts moins honorables. Tu es venu avec l'esprit d'un homme d'affaires, cherchant à obtenir une part d'un gâteau qui ne t'appartenait pas. Les imprévus en ont décidé autrement, tu ne réaliseras pas le bénéfice escompté.

TERRY. Il y a des réalités si étranges qu'elles heurtent notre esprit ; je ne suis point enclin à admettre qu'un homme puisse me convaincre que l'intégralité de son héritage, amassé au fil de sa vie, se soit évaporé comme un mirage.

CASSIE. Tu n'es pas le seul ; d'autres, en plus grand nombre, portent des motifs d'amertume.

TERRY. Un voile de mystère plane sur cette mort tragique, et la charge de cette calamité devra inexorablement se poser sur les épaules de quelqu'un. Toi, qui trouvais sans relâche prétexte à t'introduire chez-lui pour implorer des subsides dont tu n'avais pas besoin, n'as-tu pas entrevu l'ombre de la souffrance ?

CASSIE. Il y à longtemps qu'il s'était éloigné de la caisse, et, hélas, tu en avais subi les effets. Le mystère persiste, mais une chose est indéniable : ceux qui endossent un fardeau considérable sont en proie à une pression incessante qu'ils doivent endurer. Pourtant, lorsque cette pression franchit le seuil de l'insupportable, il arrive que l'on fléchisse. Une fois habitué à l'opulence, le retour à la pauvreté s'avère ardu, ce qui jette une lumière sur la situation présente.

TERRY. Une alternative parmi d'autres, certes, mais qui ne m'inspire guère. Je reste convaincu, et nombreux sont ceux qui partagent cet avis, qu'il n'était point du genre à se laisser abattre. Cet homme était loin d'être ordinaire, et les managers de sa trempe possèdent le talent de prévoir les retombées. Même si ma déception est palpable, ce nouvel agencement des choses a au moins le mérite d'éviter un partage qui n'aurait engendré que des controverses.

CASSIE. Ce qui va être entrepris dorénavant risque d'être pénible. Nous allons devoir partager l'indésirable.

TERRY. Il y a déjà un moment que nous ne faisons plus de projets communs. Pourquoi, soudainement, serions-nous redevenus un tout ne pouvant prendre la moindre décision sans l'adhésion de l'autre ?

CASSIE. Ce qui a été déclenché ne relève pas de ma seule responsabilité, tu dois en prendre conscience et assumer le contrecoup. On ne peut pas constamment sortir vainqueur, surtout lorsque les dés sont pipés. Le partage va persister, mais désormais, ce sera toi qui en souffrira.

TERRY. Nous avons par mégarde fait un choix regrettable, pensant que, comme le faisaient nos prédécesseurs, nous pourrions vivre ensemble pour le reste de nos jours. Quand on attache de l'importance à certaines valeurs, on ne doit pas s'unir à son antithèse, car on risque de ne jamais trouver le bonheur. Ta conduite exemplaire t'éloignait quelque peu de la mère idéale. On peut faire les choses à contre-cœur, certainement pas les enfants. Tu es partie, c'était mieux pour tout-le-monde. Qu'aurais-tu à partager à part ta mauvaise foi ?

CASSIE. En poussant la porte de mon refuge pour demander une portion de ce qui te faisais défaut, tu as dessiné devant moi le chemin d'une revendication fondée et authentique. Pour ta plus grande stupéfaction, sache que je détiens une fraction des tes possessions.

TERRY. Nous avons joyeusement esquissé les frontières des normes en vigueur, ce qui pourrait valoir l'équivalent de tous les divorces du monde. Il semble que nous soyons douloureusement en accord sur un aspect : il est temps d'en finir avec ce secret ancestral, dont la légitimité se dissipe. Cependant, prioritairement, il sera crucial de tenir compte de certains éléments qui ne sauraient être occultés. L'ordre des choses est mouvant, et ce qui se veut légal n'est pas invariablement empreint de justice ; cette réflexion est essentielle, car l'argent qui t'a été subtilisé échappe à mes mains et ne saurait t'être restitué.

CASSIE. Lorsque les circonstances se modifient, l'homme se plie aux caprices du destin ; il n'y a pas si longtemps, tu faisais preuve d'une inflexibilité obstinée, t'évertuant à débusquer, dans l'ignominie, des raisons d'imposer ta volonté. Tu es victime de ta constance ; si tu avais pris des mesures appropriées au moment voulu, tu n'aurais pas à le regretter aujourd'hui.

TERRY. Des regrets, je n'ai pas les ressources de m'en parer ; je privilégie plutôt la réflexion sur les actions plus sages à entreprendre.

CASSIE. Tu devras compter de façon inhabituelle en ne te basant pas uniquement sur tes doigts, en tenant compte de ce qui est pertinent et en évaluent la valeur appropriée de tes richesses.

TERRY. La valeur correcte d'une chose est en rapport avec l'effort fourni pour la posséder.

CASSIE. Je me bâts pour faire triompher le droit des femmes et, notamment, celui de la propriété.

TERRY. Apposer son nom sur un acte officiel ne garantit pas, en soi, la plénitude des droits ; il demeure crucial de démontrer que l'on a réellement pris en charge les devoirs liés à cette démarche.

CASSIE. Si tu t'attardes sur ces mots, tu y dénicheras mon nom, et, qu'importe le déferlement des événements, cela souligne qu'il sera ardu de ne pas en considérer la portée.

TERRY. Une propriété fictive, où les vertus naturelles du juste et de l'injuste seraient bafouées, n'arriverait pas à terme.

CASSIE. Il est de mon souhait le plus ardent que l'équilibre des convenances demeure intact. Ainsi, il est nécessaire de procéder à la vente de l'appartement et d'assurer une répartition équitable des bénéfices de cette opération, avec une rigueur inspirée par les normes légales établies.

TERRY. Existe-t-il une frontière à l'absurdité ? Il semblerait que non, tant cette idée est déraisonnable, il est clair que jamais je ne consentirai à octroyer ma bienveillance à une telle offre.

CASSIE. Je n'ai pas pris soin de formuler les préceptes ; ils sont l'émanation d'un cours de choses dont tu es le sujet, et si tu t'en écartes, tu pourrais te heurter à une réalité des plus amères.

TERRY. Ce divertissement ne semble pas m'appartenir, et il est fort probable que cette aventure que tu as entamée soit exclusivement réservée à ta présence. Rappelle-toi, que tes enfants trouveraient fort injuste de devenir les cobayes de cette situation inique, où la duperie semble être à l'œuvre.

CASSIE. Il est habituel, dans une telle situation, d'attendre que ceux qui nous précédés prennent leur tour. Lorsque viendra l'heure où je renouerai avec la terre de mes aïeux, je confierai le flambeau à ceux qui me succéderont.

TERRY. À quel prix abandonneras-tu le vide et l'épouvante, tel ce moraliste que tu désignais comme père ? Tu prévois une réparation juste, d'un prix encore non défini, mais se promettant de correspondre à la valeur minimale pratiquée sur le marché, assurant ainsi la vente rapide d'un bien qui ne t'est pas familier. Je n'aspire pas à m'en détacher, j'y ai tissé tous mes repères et je prévois d'y mener une existence sereine jusqu'à mon dernier soupir ; il ne te faudra plus, à l'avenir, oublier qu'il serait en tout point inconvenant de faire preuve d'exagération, sous peine de n'être écoutée par personne.

CASSIE. Lorsqu'un un dessein guide nos pensées, établir un linéament et faire son chemin peut s'avérer complexe, surtout en présence de confusions. Cependant, avec une volonté sincère de chaque partie, on parvient généralement à sculpter une issue qui sied à tous.

TERRY. Néanmoins, un compromis pourrait se révéler, apte à prévenir une offense manifeste : en te détachant de cette fraction hypothétique pour le bonheur de tes enfants, de crainte de la voir se perdre. Je te promets, en contrepartie, de t'accorder une compensation par un geste inattendu, animé d'une bienveillance authentique.

CASSIE. J'aspire ardemment à être enveloppée par la fièvre jubilatoire de l'acte altruiste, à goûter à la satisfaction de donner, tout en me confrontant à la vacuité de ma propre imposture ; hélas, la grâce se dérobe encore à moi.

TERRY. Ton comportement évoque celui d'une enfant gâtée, indifférente à l'effort et à sa valeur véritable. Toi, née dans l'opulence, tu fronces le nez sur ceux dont le sort n'est pas aussi enviable que le tien. Hélas, avec la mort du roi, s'est évanoui le temps des privilèges. Il serait sage que tu apprennes à canaliser tes désirs, car le monde ne t'est point acquis. Une attitude de retenue te serait plus profitable, au lieu d'afficher une arrogance inappropriée, alors que tu devrais te couvrir d'excuses. Jusqu'où es-tu prête à aller dans cette attitude ?

CASSIE. Bien que mon père ait initialement mal perçu notre union, cela ne m'a jamais empêché de t'épouser. Si tu ressens ce sentiment d'exclusion venant d'un milieu qui, au fond, t'avait tendu la main, c'est parce que tu as développé avec le temps un complexe dont tu as toujours eu du mal à te défaire. Pour te rassurer, tu cherches à prouver que je ne suis qu'une représentation d'un monde que tu rejettes, condamnant ainsi mes particularités, qui deviennent tes défauts, tout en prétendant faire preuve de noblesse alors que tu es incapable de pardonner.

TERRY. Ton père n'est pas né avec une couronne sur la tête. Il a hérité des affaires de son père, qui n'étaient pas aussi prospères qu'on aurait pu l'imaginer. C'est grâce à un sens inné du commerce, qu'il en a fait un empire. Cependant, cela n'a pas fait de lui un aristocrate, et malgré sa tendance à croire le contraire, il est mort sans un sous en poche, tel un simple vagabond.

CASSIE. Ni mon père ni moi n'avons tissé ces barrières, et nullement lui n'est à condamner pour l'échec que nous subissons. Tu ne désirais rien d'autre que de nous ramener à la rudesse des temps primitifs, aspirant que les autres fassent preuve de magnanimité envers tes faiblesses, tout en t'appliquant à soumettre avec rigueur ton empreinte sur ce monde. Tu ne m'offris point d'alternative ; j'étais la captive des murs que tu avais élevés autour de ma liberté.

TERRY. Mes exigences étaient simples et, bien qu'elles ne soient pas imposées, tu les ignorais sans même essayer de les appréhender. Il est naturel d'attendre que notre partenaire respecte nos requêtes. Certes, ta profession imposait des contraintes, mais cela ne constituait pas une raison valable pour ne pas assumer tes responsabilités. Nous sommes en train de nous disputer pour savoir qui a tort ou qui a raison, mais cela ne justifie pas de tenter encore une fois de me faire passer pour un être méprisable.

CASSIE. L'évaluation d'un événement peut évoluer avec le temps, mais elle peut aussi être teintée par un souvenir lointain, rendant ainsi certaines erreurs plus acceptables. Plutôt que de tenter de prouver que la responsabilité de notre échec soit attribuable à l'un ou à l'autre, nous dirons pour apaiser les tensions que les fautes sont communes. De toute façon, nous sommes ici avant tout pour résoudre un conflit, et les décisions prises auparavant, ne pourrons pas être modifiées. Nous avons subi un échec, essayons de réussir notre divorce.

TERRY. Nous sommes, malheureusement, aux confins de la réussite quelconque ; quel que soit le projet que nous oserions envisager, une angoisse sourde m'envahit, car, me rappelant nos échecs passés, je crains qu'ils ne suivent le même itinéraire que tout ce que nous avons tenté jusqu'ici, nous laissant en proie à notre incapacité à triompher.

CASSIE. Hélas, il sera nécessaire de parvenir à un accord, car si nous n'arrivons pas à nous entendre, nous devrons faire intervenir des intermédiaires dont l'unique but sera de compliquer les choses, prolongeant ainsi la situation tout en intensifiant le montant. Je ne crois pas que cela coïncide avec tes intentions, et pour ma part, je préférerais que nous privilégions un divorce amiable.

TERRY. J'aimerais effectivement atteindre cet objectif, mais pour y parvenir, il est crucial de faire preuve de lucidité et d'évaluer de manière équitable les contributions de chacun, en tenant compte du vécu, et de l'engagement personnel. Il est clair que même si ton raisonnement te porte à croire que tu as droit à une partie de mes biens, la réalité est très différente. Si tu parviens à comprendre et à admettre cela, nous pourrions envisager de nous entendre.

CASSIE. La compréhension est plus facile à accepter si elle n'a pas d'impacts négatifs. Ce qui te paraît raisonnable ne l'est peut-être pas pour moi, il faudra probablement que nous collaborions pour que les deux parties puissent tirer des éléments satisfaisants dans ce compromis.

TERRY. Je constate que cette entrevue a pour objectif de tirer avantage de la situation, et l'intention manifeste est de réclamer bien plus qu'une juste réparation. C'est pour cela que je demeure vigilant tant que tu n'as pas clairement déclaré tes intentions. Même si je suis disposé à tout entendre, il ne faut pas franchir certaines bornes. Mais avant tout, tu dois savoir que je connais le montant de la somme dont tu as besoin et la raison pour laquelle tu souhaites l'utiliser, mais malgré cela, il faut que tu saches que je ne m'en servirai pas pour te forcer la main.

CASSIE. Les valeurs auxquelles tu tiens ne semblent plus avoir cours. Tu es un rêveur face à une authenticité qui le dépasse. Celle d'un système où certains individus peuvent se donner des privilèges aux dépens d'autres, qui devraient en jouir normalement. C'est ce que l'on appelle l'économie de marché. Nous connaissons tous les deux le prix de cet appartement, mais pour te prouver ma volonté de faire des efforts, je ne demanderai pas la moitié, même si cela ne signifie pas que je me contenterai d'un simple pourboire.

TERRY. Les personnes que l'on connaît intimement ne savent plus nous étonner. Il est triste de constater que ce que l'on craint finit inévitablement par se produire. Le monde tel que tu le connais est impitoyable, une société où seuls des mariages d'intérêts unissent deux individus matérialistes, reléguant des sentiments comme l'affection et la tendresse au rang de faiblesses. Je sais où est mon intérêt : « il vaut mieux un mauvais arrangement qu'un bon procès ». Mon entreprise est en pleine expansion, je peux emprunter, cent mille euros c'est beaucoup d'argent quand on tend simplement la main.

CASSIE. Si je suis prévisible, tu l'es également ; ce que tu me me reproches, tu le fais pareillement. Quel sens attribues-tu au mot raisonnable ? J'ai des inquiétudes quant à son insuffisance. Bien sûr, c'est à portée de main et pourrait réduire les complications, mais j'ai l'impression que tu me prends pour une idiote, ce qui m'irrite profondément. Évidemment, j'ai besoin de cet argent, tu en es conscient et malgré ta promesse, tu en abuses. Mais si tu persistes dans cette voie, sache que je pourrais, malgré le grand désagrément que cela me causera, te déclarer la guerre.

TERRY. Les échos s'élancent avec la rapidité fulgurante de la lumière ; tu es dans l'urgence et n'a guère de temps à perdre à lutter contre des chimères. Si j'étais en ta position, je prendrais le soin de méditer profondément avant de m'engager dans des batailles que tu pourrais vite regretter. À ta place, je me satisferais de ce que j'ai à t'apporter, car si tu poursuis cette route, une grande désillusion t'attend.

CASSIE. Je joue ma vie à la roulette russe avec un pistolet plein de balles explosives. Je n'ai pas d'alternatives, pour satisfaire mes obligations, j'ai besoin de cinquante mille euros supplémentaires. Si je ne les reçois pas, plus rien n'aura d'importance, tu devras affronter une personne qui a décidé de se suicider, mais qui, avant d'en finir, n'aura qu'un seul but : t'anéantir.

TERRY. La surenchère, dès qu'elle fait son apparition, ne se plie guère aux normes de la sobriété, rendant quasiment impossible la prévision de nos futurs engagements. Un simple rejet, s'il se trouve faussement interprété, nous plongerait alors dans une étendue dont l'échappatoire nous semblerait insurmontable. La perche que tu m'offres, dans le dessein de m'extirper des sables mouvants que tu m'as fait traverser, pourrait, effectivement, se révéler capable de détruire tout espoir de salut.

CASSIE. Pourtant, il arrive que l'ardeur de mes aspirations soit mise à mal par le poids implacable du temps, et je me dois de te confier que cette force agit contre moi. Comme tu sembles déjà le pressentir, je suis en effet acculée par l'inexorabilité du chronomètre. Passé un certain délai, ce projet qui occupe une place privilégiée s'envolera comme une ombre fugace, tel un messager funeste. Voilà la raison pour laquelle je n'ai guère l'intention de le soumettre à une surenchère vaine, qui ne mènerait qu'à son abandon et à ma désillusion. Hélas, cette fatalité se double continûment d'une condition qui remet les certitudes en question ; les astreintes du moment exigent un règlement immédiat. Serais-tu prêt à m'accorder ta confiance en cette période troublée ?

TERRY. Dans l'arène des négociations, les attrapes-nigauds sont inévitables ; il eût été étrange qu'il en fût d'une autre façon. Notre récit est semé de complexités, et les ruses dont tu as usé ne t'honorent guère. Je pourrais être tenté de céder rapidement aux sirènes de la facilité, cependant, il m'appartient désormais d'exercer une influence décisive sur ton avenir. J'aspire à goûter, ne serait-ce qu'un instant, ce moment de plénitude.

CASSIE. Tâche d'en apprécier chaque délice, car ce qui te donne satisfaction réveille en moi une profonde irritation. Je pourrais choisir de me comporter d'une manière telle que les souvenirs de cette euphorie se muent en regrets, sans que tu n'en prennes conscience. En prétendant me connaître plus intimement que moi-même, tu oublies que ma naissance ne m'a pas doté d'une patience infinie. Ainsi, je t'engage à ne pas être trop difficile, car tu sais que tu es le triomphateur de cette farce.

TERRY. Son humour ne parvient à nul autre que moi à susciter le rire. Cependant, si tu te sens lésée, je considère que cette conclusion est appropriée, car elle reconnaît les apports de tous, même si elle découle de restrictions qui ne relèvent en rien de ma responsabilité. Le temps des engagements sincères est désormais derrière nous, et il conviendra de faire appel à des intermédiaires, tel que l'avocat et le notaire, ce qui, hélas, pourrait engendrer des délais supplémentaires. Je ne pourrai en aucun cas être tenu pour responsable des retards qui en découleront.

CASSIE. Cette décision que tu as prise se présente comme un châtiment destiné à toucher les tréfonds de ma sensibilité. Il existe toujours une possibilité de changement, n'est ce pas ? Cependant ; tu trouves là l'opportunité de dire non, espérant échapper aux conséquences futures. Ce que tu choisis de gagner aujourd'hui pourrait te coûter cent fois plus demain. À ta place, je me garderais bien de naviguer dans les eaux tumultueuses de cette aventure hasardeuse. En attendant, je vais me morfondre, me questionnant sur ta capacité à reconnaître le lieu où se cache ton véritable intérêt, la main suspendue au-dessus du téléphone, affligée et meurtrie ; je garde l'espoir qu'un appel de toi viendra éclairer ce moment de ténèbres. Mais si, par malheur, tu restes sur tes positions, il sera trop tard, et mes souffrances te seront alors partagées.

TERRY. C'est avec une tristesse certaine que j'observe qu'à l'avenir, nos échanges ne seront plus que l'écho du vide et de la douleur, celle d'un échec à saisir à nouveau l'essence de l'autre. Je ne suis guère convaincu d'être à la hauteur de tes attentes, mais ce que crains par dessus tout, c'est que les cicatrices de cette épreuve nous accompagnent et nous hantent jusqu'à notre dernier souffle.

8. Fait-divers

Fin de journée, sur le lieu du délit.

DARYL. Votre stupéfaction ne m'échappe pas, et je la comprends aisément ; il est plutôt inhabituel de rencontrer un représentant de l'ordre, confortablement installé dans le sanctuaire intime de son foyer. Pourtant, malgré le fait que ma présence ne semble pas vous surprendre tant que cela, j'estime important de rappeler que ma venue repose sur des obligations professionnelles. En d'autres circonstances, je n'aurais ni le désir ni même le besoin d'être ici, surtout après un dernier passage qui ne ma guère donné le goût d'y revenir.Certaines rencontres, à l'instar de véritables pièges, méritent d'être évitées ; cependant, le destin, avec sa main capricieuse, nous pousse parfois à envisager notre rôle dans ce grand théâtre qu'est la vie.

VINCENT. Le sentiment est partagé ; si vous n'aspirez pas à être parmi nous, je n'éprouve pas non plus une grande hâte de vous y retrouver. Vous pensez que votre présence ne me cause aucune surprise, pourtant c'est l'inquiétude que cela provoque en moi qui m'obsède. Je ne fais pas partie des individus qui croient que la vie ne peut pas traverser les jours sans des émois fulgurants. Je suis convaincu qu'il existe d'autres voies pour donner de la couleur à une existence monotone, même si cela entraîne des risques pour réaliser sa véritable valeur. Certains jeux dangereux valent peu la peine d'être tentés, car ils mènent souvent aux mêmes résultats. Je vous demanderais donc de bien vouloir mettre fin à ce suspense et d'avoir, par la même occasion, l'obligeance de me donner le but de votre venue.

DARYL. Malgré tout ce que vous pouvez avancer sur votre adhésion à la majorité, il est clair que cette distinction a sa valeur, à condition, toutefois, qu'elle serve notre quête de progression. Il semble que vous ayez choisi un autre chemin, car je fais face une nouvelle fois à une situation atypique. Votre relation, bien que difficile à qualifier, n'a pas de statut officiel, ni même officieux ; elle n'existe pas sur le papier. Votre partenaire, que nous appellerons ainsi, est séparée de son mari sans être divorcée depuis une période si longue que cela en devient indécent. Pourtant, elle semble entretenir avec lui des rapports similaires à ceux d'un couple en conflit permanent qui vit ses derniers instants. Pour agir ainsi, il faut avoir des raisons profondes et inexplicables, surtout quand on agit habituellement de manière rationnelle. Malheureusement, une femme est à l'hôpital et elle porte le nom de l'autre, ce qui est devenu problématique, car cet homme a tenté de lui faire passer le goût du pain.

VINCENT. Il me semble qu'en pareille circonstance, il est habituel de s'enquérir de la santé ou du bien être de celle qui nous est cher.

DARYL. En effet, cela paraît tout à fait habituel. Pour apaiser votre anxiété, je tiens à préciser qu'en dehors de l'impact émotionnel qu'elle ressent, elle ne manifeste aucun signe apparent en relation avec son expérience. Ce qui contraste avec son époux, cette présence embarrassante dont elle semble vouloir se délester. Ayant partagé tant d'années avec votre compagne, il semble naturel que vous ayez été le témoin répété des discours l'entourant, des propos qui, parfois, pourraient être jugés peu flatteurs. Après avoir traversé une rupture douloureuse, il est habituel de vouloir trouver un responsable, et il était là, prêt à endosser ce fardeau. Cependant, ce qui m'intéresse particulièrement, c'est de savoir si vous l'avez rencontré et, le cas échéant, quel type de relation vous avez entretenues avec lui.

VINCENT. J'ai en effet entendu parler de lui à de nombreuses reprises et, comme vous l'avez souligné, guère de manière élogieuse. Cependant, je n'avais pas encore eu l'occasion de le rencontrer jusqu'à présent. Il s'est présenté à nous après avoir appris la mort de son beau-père, et la raison de sa venue est si évidente que je ne m'y attarderai point. Mon impression de lui était simple : un homme impulsif dont j'avais la tâche d'évaluer le degré d'agressivité, ce qui m'a valu de faire face aux premiers désagréments de cette rencontre imprévue.

DARYL. Il me semble que l'attitude que vous ressentez envers cet homme est davantage due à une aversion instinctive. S'il était réellement aussi agressif que vous le décrivez, il aurait été impliqué dans des altercations physiques. Par ailleurs, d'après les éléments que j'ai pu récolter avant que vous ne fassiez votre apparition, il semblerait qu'il jouisse d'une renommée flatteuse parmi ses pairs et proches, une réalité qui s'oppose radicalement à votre description. N'est-il pas troublant que vous ne fournissiez aucune justification concernant votre éloignement, alors que vous affirmez qu'il existait un risque de dérapage vers la violence ? En un temps où la prudence s'impose, si j'avais été à votre place, je n'aurais certainement pas choisi de m'écarter, souhaitant être en mesure d'agir promptement face à une éventuelle escalade.

VINCENT. Cassie a évoqué avec moi la conversation que vous avez eue, ainsi que votre aptitude à anticiper les situations sans avoir toutes les données nécessaires. Pour que je puisse vous transmettre les éléments cruciaux, il serait souhaitable que vous m'accordiez le temps de le faire. En outre, je souhaiterais que vous vous absteniez d'analyser mes paroles à travers le prisme de vos propres perceptions. Je n'ai jamais dit qu'il était brutal, mais simplement qu'il avait une certaine fermeture d'esprit, ce qui est différent. Maintenant, on ne peut pas dire que l'on fait preuve de diplomatie quand on appelle un chat un chat. En vous écoutant, il m'est difficile de deviner qui est la véritable victime, car, à l'inverse de vous, je ne sais rien des faits ni des raisons pour lesquelles vous vous en prenez à moi.

DARYL. Vous ne devriez pas vous sentir personnellement attaqué, car je ne m'en prends à personne en particulier. Mon intention est simplement de clarifier certaines choses. Votre partenaire semble, à première vue, n'avoir rien à se reprocher, donc il n'y a aucune raison pour vous d'être inquiet. Si des doutes sont apparus dans mon esprit, c'est à cause d'une longue discussion que j'ai eue avec Monsieur Sanders, où j'ai employé des techniques qui ne sont pas conventionnelles. Malgré cela, il a su rester serein. J'ai eu l'impression de m'adresser à quelqu'un qui ne maîtrisait pas tout à fait la situation, ce qui explique ma confusion.

VINCENT. Il ressort clairement que tout ne s'est pas opéré comme il l'aurait espéré. De plus, je suis convaincu qu'il savait à qui il avait affaire, ce qui l'a conduit à revêtir un masque éloigné de la vérité. Si vous aviez sollicité son avis sur les liens qu'il tissait avec son épouse, le tableau aurait sans doute pris une étoffe d'un autre éclat.

DARYL. Si ma femme revenait au bout de trente-deux ans réclamer la moitié de tout ce que je possède après m'avoir fait un vilain tour, je n'aurais pas de raisons particulières de la chérir au delà du bon sens. On peut le comprendre.

VINCENT. Cela constituait le point de départ d'une tractation visant principalement à punir une personne ayant utilisé des méthodes approchantes pour extorquer des sommes auxquelles il n'avait de toute façon pas droit. De plus, le montant final demandé n'excédait pas dix pour cent de la valeur de ses biens. Il a simplement été pris à son propre piège sans avoir à régler la facture. J'aimerais comprendre de quoi il serait en droit de se plaindre.

DARYL. Oui, effectivement, cette démarche n'est pas louable, mais pour sa femme, la situation ne s'est pas améliorée. Après avoir compris qu'elle ne pouvait rien espérer de son père, elle a choisi de chercher ailleurs l'argent qui lui manquait pour tenir ses engagements, essayant en même temps de réaliser un appréciable profit. Certes, il avait commencé, mais cela ne justifie pas sa conduite. À mes yeux ils ne se distinguent guère l'un de l'autre. Ensuite, tout a basculé : on accepte une chose tout en refusant une autre, ce qui provoque un effondrement. On se dit alors que tout est terminé, et c'est à ce moment là que la duperie démarre sans explication.

VINCENT. Il m'arrive fréquemment d'avoir des difficultés à comprendre le déroulement ou la logique des choses, mais je vous assure que je vais faire tout mon possible pour assimiler et interpréter de mon mieux vos explications de la meilleure façon qui soit.

DARYL. Il est à votre portée de comprendre une histoire que vous êtes supposé connaître, même en faisant preuve de mauvaise volonté. En suivant attentivement son évolution, cela devrait éclaircir les événements de ce soir. Après un bref répit, Sanders a été contacté par sa femme. Il fut donc époustouflé d'apprendre que son beau-père, contre toute attente, n'avait finalement pas dépensé toute sa fortune. Ce retournement de situation le laisse dans le doute au début, mais pour une fois, il choisira d'agir avec discernement. Cette envolée des événements interroge une situation d'où il n'aurait guère pu émerger sans blessures.

VINCENT. Si vous le permettez, j'aimerais intervenir, car lorsque j'entends ce genre de déclaration, mes cheveux se dressent sur ma tête. J'étais présent lors de leur échange téléphonique, ayant moi-même décroché. Lorsque j'ai réalisé avec qui je parlais, j'ai failli raccrocher, mais après un bref instant, j'ai compris que j'avais affaire à quelqu'un qui n'avait pas été à la hauteur et qui, fait exceptionnel, acceptait de reconnaître ses erreurs. Cela nous a motivés à aller plus loin. En réalité, il était prêt à mettre l'argent sur la table, à condition que Cassie signe un accord de principe sur papier ordinaire. Mais ce qui est indéniable, c'est qu'à aucun moment il n'a été fait mention du vieux.

DARYL. C'est à mon tour de solliciter votre permission de poursuivre, car sans cette autorisation, vous ne serez pas informé des événements. Dès lors, vous ne pourrez ni juger ni exprimer votre opinion. En ce jour, en franchissant le seuil de votre foyer, il ressent à sa grande surprise une chaleur enveloppante émanant des lieux. Votre compagne, malgré une certaine distance, semble rayonnante, et, peu à peu, il s'apaise et découvre la douce confiance qui s'installe en lui. Je ne perdrai pas de temps à évoquer les platitudes communes où chacun s'efforce de se présenter sous son plus bel aspect. Il accueille le verre offert avec une lucidité accrue, conscient que cet élixir pourrait l'aider à sceller une paix délicate, laquelle n'attend qu'un souffle du vent pour être brisée. Juste après cela, la situation devient trouble, et lorsqu'il reprend ses esprits, il réalise qu'il a les poignets entravés.

VINCENT. Les données proviennent d'une source dont la clarté n'est pas assurée. Il est donc impératif d'adopter une attitude de prudence face à elles, en particulier lorsque deux interprétations s'avèrent diamétralement opposées. Face à une telle situation, il convient d'accorder foi à la parole de la victime, qui, pour sa part, ne saurait se mettre en péril, tandis que le témoignage de l'auteur présumé pourraient, sans l'ombre d'un doute, le conduire à user de stratagèmes.

DARYL. Savoir qui est dans l'erreur ou dans le vrai relève souvent d'un exercice épineux, surtout lorsque les données se fraient un chemin à travers le tumulte et l'imprécision. Il est fréquent que les protagonistes, engagés dans un drame, reviennent sur leurs déclarations. Pour cette raison, je préfère, dans un premiers temps, faire preuve de prudence et m'abstenir de tirer des conclusions hâtives. D'autant que le présumé coupable, dans un retournement inattendu, se présente comme victime d'une machination ourdie pour l'incriminer. Il est d'ailleurs drôle de constater que, bien que certaines farces laisse le public impassible, cet homme, que je m'empresse de qualifier d'égaré, vous accuse, vous et votre compagne, d'être les âmes de ce tour de théâtre.

VINCENT. Durant l'entretien que nous avions eu, j'avais remarqué qu'il paraissait par moment absent. Certains individus ont tendance à s'adonner à des rêveries éveillées très vivaces, et ces faits peuvent sembler profondément réels, rendant difficile leur ancrage dans le concret.

DARYL. La nature de cet aspect, qui relève plus de la science que d'autres domaines, ne rentre pas en ligne de compte. À première vue, il ne semble pas que cet individu soit en proie à des afflictions psychologiques. Cependant, il est important de noter que les accusations portées contre vous, le cas échéant diffamatoires, demeurent recevables ; il soutient avoir été victime d'une intoxication par somnifère.

VINCENT. Il m'apparaît que le dessein de cette manœuvre est sujet à interrogation, et, en toute humilité, je suis enclin à penser qu'il s'agit avant tout d'une tentative de se disculper. Je désirerais qu'on me fasse comprendre quel avantage nous aurions pu tirer de l'orchestration d'une telle stratégie ; cela aurait, en effet, été une étrangeté surprenante. Je suis persuadé que vous n'oseriez affirmer le contraire, et il serait juste qu'il se confesse de manière ouverte et sincère, en révélant sans embellissement sa part de responsabilité.

DARYL. Dans le contexte actuel, il apparaît ardu d'accorder foi aux assertions, qu'elles émanent de l'un ou de l'autre, jusqu'à ce que la vérité se manifeste ostensiblement. En attendant, toute déclaration mérite d'être examinée, car finalement, l'hypothèse avancée n'est pas aussi fantasque qu'il pourrait sembler. Ensuite, une foultitude de scénarios peuvent s'élaborer, et pourquoi pas, celui où l'on aurait mis l'arme dans sa main afin de lui faire porter le chapeau et rendre ainsi la supercherie crédible.

VINCENT. Les divinités hindoues ont en général quatre bras, on dit même que certaines pourraient en avoir beaucoup plus.

DARYL. Chaque être vivant dispose d'un seul cerveau, mais les modalités de son fonctionnement varient d'un individu à l'autre. Il est donc primordial de s'immerger dans leur logique pour pouvoir les appréhender, et si cette réflexion vous est accessible, je suis fermement persuadé que vous réaliserez que celui qui prend la parole en dernier n'est pas forcément le porteur de la vérité.

VINCENT. En cette heure authentique, où chacun se voit contraint de fournir des éclaircissements et sans que vous n'ayez à me questionner, je souhaite affirmer avec conviction que cette journée fut d'une richesse imprévue. Conformément à nos habitudes lors de nos réunions régulières, nous avons mené notre assemblée générale. De nombreux actionnaires vous informeront que j'ai passé une bonne partie de la journée, ainsi qu'une large portion de la soirée, plongé dans mes activités au bureau. Il serait donc illusoire de concocter des histoires à mon sujet, d'autant plus qu'il est primordial de comprendre que, malgré mes autres engagements, je n'avais ni besoin ni désir de mettre mon nez dans cette affaire.

DARYL. Je n'avais nulle intention de vous accuser, mais j'espérais que vous parviendriez à saisir qu'il est tout à fait impossible de balayer d'un geste toute une gamme de versions, peu importe leur provenance. Permettez-moi de vous entretenir, à présent, de celle de la victime, qui, ma foi, n'est pas dénuée de bon sens. Dans ce monde où tout semble se dérouler sous les auspices du meilleur des sorts, il arrive que des dérapages se produisent. Parfois, un verre de trop, une parole blessante, un regard hostile suffisent à déclencher l'explosion redoutée. L'événement tant craint se matérialise, entaché par une arme menaçante brandie par un homme acculé à la perte de contrôle, prêt à l'utiliser. Je ne peux que présumer que vous avez, en toute lucidité, envisagé l'éventualité de débordements, car l'invention de la bombe d'auto-défense est indéniablement le fruit de votre esprit ; c'est une certitude pour moi.

VINCENT. Ça m'a paru être de bon aloi.

DARYL. Au cœur des narrations, il n'est pas rare que des singularités déraisonnables se révèlent, troublant ainsi le fil de l'histoire. Bien qu'elles frappent notre attention, ces incohérences jette un voile de perplexité. Pourtant, lors de notre arrivé, tout semblait l'accuser.

VINCENT. Vous vous interrogez sans doute sur la nécessité d'accepter ou de refuser l'évidence, car, en ce moment, les contradictions se présentent comme vos uniques repères. Or, en reniant cette réalité, vous risquez, par un manque de foi en vous-même, d'ouvrir la porte à l'inexactitude. Si, dans certains cas, celle-ci peut ne pas engendrer des suites dommageables, dans la situation présente, elle pourrait déboucher sur une injustice regrettable.

DARYL. Actuellement, je suis plongé dans un brouillard d'incertitudes, ne parvenant pas à déterminer de quel côté se dissimule l'injustice. Hélas, cet état d'indécision altère mon jugement, et seules les constations concrète peuvent revêtir un sens véritable.

VINCENT. Il est une vérité incontournable à laquelle nous ne pouvons échapper : il est nécessaire, à un moment ou à un autre, de parvenir à une conclusion, quel qu'en soit le prix, même si celle-ci heurte nos croyances les plus profondes. Car si nous faiblissons dans cette quête, nous courrons le risque de nous voir relégués à la périphérie des jugements de notre monde, soumis à la colère de nos supérieurs. Je comprends sans difficulté la déception que vous pourriez ressentir, mais il est crucial de ne blâmer que votre propre inclination, celle-là même qui, tel un voile, obscurcit votre jugement et vous entraîne sur le chemin de l'illusion.

DARYL. Au fil des années, j'ai eu l'occasion de croiser sur mon chemin de nombreuses personnes, tant sur le plan professionnel que privé. Je dois toutefois confesser que mes interactions ont souvent été altérées, en grande partie en raison de ma vocation. Ce manque d'authenticité dont j'ai souffert m'a offert, avec le temps, une vision soigneuse de la duplicité humaine. C'est pourquoi, au moment où je vous parle, qu'elles soient empreintes de bienveillance ou d'animosité, les influences des autres ne sauraient, en aucune manière, ternir mon discernement. Je m'exprime ainsi pour vous épargner la peine de gaspiller vos mots dans une tentative vaine d'inverser la situation en votre faveur.

VINCENT. Quoique vous professiez avec assurance, certaines affaires continuent de flotter dans l'incertitude ; ainsi, lorsque le silence s'installe, il devient compréhensible de s'interroger sur votre capacité à agir avec discernement. Nous souhaitons que la justice triomphe, mais elle devrait se hâter, car nous avons tout à attendre de son authentique appréciation. L'opinion défavorable dont nous sommes victimes, fondée sur des probabilités, nous porte préjudice.

DARYL. Une débâcle salvatrice a, d'une certaine manière, redonné éclat à votre dignité, nonobstant le fait que vous connaissiez ses tribulations financières ; si je parviens à apporter la preuve du contraire, nous serons appelés à nous rencontrer à nouveau.

VINCENT. Les convictions, quand elles sont illusoires, sont plus dangereuses que la mauvaise foi.

DARYL. Quand on s'éloigne de la vérité, on ne risque pas de heurter les susceptibilités.

VINCENT. Je crois qu'il serait bon de convenir que si vous ne me porter pas dans votre cœur, je vous renvoie cette énergie. Cela pourrait faciliter la clarté de nos relations futures et nous éviter d'entretenir une considération qui n'est pas véritable. Il est vrai que si vous manifestez votre antipathie sans détour, cela vous donne l'avantage de vous montrer authentique.

DARYL. Il ne m'est jamais venu à l'esprit de concevoir la moindre tromperie à l'égard d'autrui ; mes intentions sont d'une clarté cristalline et quiconque espère de ma part quelque chose, qu'il s'agisse du mal ou du bien, se trompe profondément. J'ai toujours incarné la transparence et l'intégrité, oscillant librement entre impartialité et vérité. Il m'apparaît évident que les deux affaires en question sont intrinsèquement liées, et je perçois les desseins de chacun. C'est pourquoi je resterai silencieux, patient, à l'affût du moment où je découvrirai la brèche, celle qui me permettra de vous exposer à la lumière. Avant de savourer la joie d'une victoire hâtive, songez que, tel l'ombre d'un arbre, je vous suivrai éternellement, attendant le jour où vous trébucherez.

VINCENT. En usant de la menace, vous placez en lumière la fragilité de votre propre intégrité, annihilant ainsi la portée de vos discours. Si vous vous complaisez dans les récits de vos informateurs, n'oubliez pas que le retentissement de leurs racontars peut également vous frapper. Votre chemin est jalonné de calamités qui ont entaché votre image, et vos abus ont suscité une multitude d'enquêtes de la police des polices ; malgré les mises en garde, vous persistez dans cet itinéraire périlleux. Vous évoluez sur un fil tendu, et bien que votre fonction revête une certaine importance, elle ne pourra en aucun cas vous prémunir contre une sanction éventuelle.

DARYL. Les erreurs judiciaires sont hélas une réalité propre à notre vocation. Il est évident que, par négligence, certains individus deviennent les victimes expiatoires d'une société qui, égoïstement, en profite. Il est à noter que les certitudes d'aujourd'hui peuvent se muer en mensonges de demain. Croire en quelque chose ne garantit en rien le succès ; parfois, il faut oser prendre des risques, une position que j'ai toujours défendue et que je continuerai à embrasser, peu importe les circonstances. Se sentir trompé, ce n'est pas obtenir ce qu'on espérait. J'éprouve le désagrément d'être l'otage d'une farce malveillante, ce qui me révolte. Sachez que je ne vous concéderai jamais la possibilité de nuire à ma réputation.

(Il sort.)

9 . Préjudice

À quand les douces journées du printemps ?
Cassie, en proie à une aversion pour le gris, se laisse engluer par des idées sombres et une humeur morose. Quand la perfidie de l'agent se manifeste enfin, elle éprouve l'envie d'une révolte, mais la mélancolie, insidieuse, étreint son cœur et la fige dans l'immobilisme.

CASSIE. À l'instant où tu te glisses silencieusement dans cet espace, la tête basse et les épaules repliées, il est clair que cela n'augure rien de bon.

BRIAN. Il serait erroné de voir ce temps maussade comme un présage maléfique ; il réveille en moi des douleurs oubliées, mes muscles se dérobent, et mon esprit vacille comme un balancier déréglé, me contraignant à dénicher une forme d'équilibre.

CASSIE. Sacrée météo, lorsque ton humeur s'assombrit, tu exerces sur notre corps des effets dévastateurs, laissant nos rhumatismes se manifester avec une vigueur désolante. Elle semble anéantir notre énergie, une ressource précieuse dont nous ne saurions nous passer. Dans ces instants, l'envie de céder à l'oisiveté peut surgir, mais succomber à cette tentation serait livrer notre espace vital aux fumistes. Il est temps de réexaminer nos compromis.

BRIAN. Il arrive que tu découvres en toi une vitalité débordante, pour plonger aussitôt dans le creux d'un désespoir profond. Ce cycle incessant se prolonge depuis l'origine des temps. Il ne tient qu'à toi, en échappant à cette instabilité, d'obtenir l'estime de ceux qui t'entourent. Bien que tu aies eu le bonheur de bénéficier de leur confiance, il semblerait qu'à présent, leur patience arrive à un point de rupture. Reconnaître que tu es la seule architecte de cette situation devient essentiel.

CASSIE. Si toutes les tractations se déroulaient sans accros, quel serait l'intérêt d'avoir un intermédiaire, surtout si tu n'arrives pas à atteindre un accommodement acceptable pour tous ? C'est vrai que je peux être imprévisible, mais pourquoi devrais-tu me blâmer maintenant, sachant que j'ai toujours fonctionné de cette manière ? Cet engagement m'intimide, car j'ai des doutes sur ta capacité à le gérer. Ils le savent et en tirent parti. Malheureusement, les occasions peuvent parfois nous jouer des tours, et d'autres pourraient en tirer avantage.

BRIAN. Les places à conquérir sont nombreuses ; ce n'est qu'une affaire de temps. Cela à toujours été ainsi, mais il arrive que les choses avancent plus vite que prévu, surtout quand ceux sur qui on comptait ne respectent pas leurs promesses. Oui, après avoir été déçu, ils ont sécurisé leur propre position. Si tu avais honoré tes engagements, tout cela aurait pu être évité. Le contrat est maintenant entre les mains de leur avocat. Si tu ne payes pas la seconde tranche dans les délais impartis, tu perds tout : le rôle, ton acompte et ta crédibilité.

CASSIE. J'ai toujours pensé que les individus qui voulaient influencer notre destinée avaient une propension à nous décourager, nous faisant croire que nous n'étions pas aptes à répondre à nos attentes et à celles des autres. C'est une fausse conception, car il est essentiel de prendre le contrôle de notre existence. Au fil des années, j'ai commis plusieurs erreurs et pris des décisions malheureuses, mais ma plus grande maladresse a été de ne pas m'entourer des bonnes personnes.

BRIAN. J'ai en mémoire une période si accessible que l'on pourrait presque la toucher du doigt, où tu passais le plus clair de ton temps dans mon bureau à quémander du travail. J'avais du mal à te supporter ; tu étais prête à toutes les extrémités pour obtenir un engagement. Depuis cette époque et jusqu'à ce jour, tu as toujours été satisfaite de mon office. Mais cela ne devrait pas être un motif, alors que pour l'unique fois de notre longue association, nous faisons face à un problème inaccoutumé, que tu remettes en cause ce qui t'a soutenue.

CASSIE. Le soutien était précaire et sa résistance a été mise à l'épreuve à plusieurs reprises. Comme on peut l'observer, il a souvent failli. Ce que je te reproche, ce n'est pas tant de n'avoir pas fait ton travail, même si tu as préféré par convenance, mais aussi par paresse, d'attendre que l'on vienne à toi plutôt que de prendre des initiatives. J'avais présumé, à tort, que tu étais une âme active, portée par une réelle appétence pour les relations humaines. Cependant, la réalité s'impose à moi : tu sembles n'avoir jamais nourri de but. J'aurais dû, pour élever ma trajectoire, m'éloigner de ta présence afin d'accéder à une éclosion personnelle.

BRIAN. Il est indéniablement plus simple de blâmer les autres pour nos propres manquements, surtout lorsque cela nous arrange. Personne ne t'a jamais obligée à faire quelque chose que tu ne voulais pas, tu as toujours eu la liberté de suivre ton chemin. Cependant, tu as choisi de te complaire dans un certain confort, rêvant que ton talent serait un jour reconnu et te mènerait vers la réussite. Ce que tu ne sais pas, c'est qu'il est crucial de ne pas attendre des autres qu'ils fassent ce qu'il faut pour nous ; il faut fournir des efforts pour obtenir ce que l'on désire pour sa vie.

CASSIE. Je dois admettre que j'ai été passive et que j'ai fait preuve d'une confiance excessive. On ne risque que très peu d'être déçu par ceux qui nous laissent indifférents, ce qui ne signifie pas que cela crée des liens affectifs avec ceux qui nous importent. Dans notre vie professionnelle, il nous arrive souvent de développer des sympathies pour des personnes sans pour autant les admirer. Au début de ma carrière, j'avais foi en toi et te voyais comme ma voix intérieure, celle qui était censée me protéger. Néanmoins, avec le passage des saisons, ma perspective a changé. J'ai compris que tu n'avais que peu d'estime pour les artistes qui se glissaient entre tes doigts, te servant plutôt d'eux pour servir tes propres desseins.

BRIAN. La situation dans laquelle tu te trouves découle de tes propres décisions et actions passées. Tu m'accuses de détachement, voire d'hostilité, mais pour comprendre ma conduite, il est crucial de se rappeler les comportements problématiques que tu as affichés à maintes reprises. Tes sautes d'humeur fréquentes et tes attitudes imprévisibles m'ont mis plus d'une fois dans une position inconfortable, et j'ai tenté à plusieurs reprises de rectifier les choses sans y parvenir à chaque fois. J'en connais plus d'un qui aurait aimé te voir passer à la trappe ! Je suis fortement déçu de constater que tu n'as jamais pris conscience de cela, vivant dans un monde réservé à une élite dont je n'aurai jamais l'accès.

CASSIE. Il se trouve, hélas, une multitude d'opportunités qui échappent à ta saisie, obscurcies par la pénurie de moyens ou par un déficit de compétences, à l'instar de bien des âmes. Ce savoir que tu sembles ne pas posséder te pénalise, et tu n'es pas le seul à avoir tenté de créer une façade trompeuse. Cependant, personne n'a été dupe. Tu as fait de ton mieux pour pallier ce manque de connaissances qui aurait pu faire de toi un authentique expert. Si quelques faiblesses existent en moi, elle ne sauraient être imputées qu'aux vicissitudes malheureuses des pourparlers que tu as orchestrés, dont les conséquences désastreuses ont conduit à une perte importante de contrats. Ainsi, dans cette quête pour persuader ceux dont l'obligation était de nous guider vers le travail il m'est souvent arrivé d'être envahie par un élan de colère face à ton incapacité ; tes interventions sans fondements dérobaient l'attention de ceux qui me prêtaient une oreille attentive, m'obligeant à reformuler sans cesse mes idées dès le commencement. En définitive, ta présence n'était motivée que par le désir de garantir que je ne puisse jamais déployer mes propres ailes sans en subir l'impact, reflet d'une méfiance particulièrement saisissante à mon égard.

BRIAN. Les leçons de la vie nous montrent qu'enseigner est une tâche infiniment plus douce qu'apprendre. Ta vie, tant dans le domaine professionnel que personnel est ternie par les résidus de tes innombrables égarements. Pourtant, ces tracas perdent de l'ampleur face aux récents incidents que tu nous as infligés. Il demeure incompréhensible qu'une personne, ayant connu les fastes d'une grande fortune, puisse un jour se retrouver à zéro, comme si le sort en avait décidé différemment sur-le-champ. J'ai, comme beaucoup d'autres, ressenti l'humiliation d'avoir été perçu comme un imbécile et j'ai, comme la plupart de ceux qui bénéficiaient de sa renommé, eu du mal à encaisser le choc, car, il ne faut pas le nier, nous avons toujours compté un peu sur lui pour exister. Et, bien qu'il n'ait jamais été enclin à nous estimer, son appuis symbolique nous a permis d'obtenir le crédit du métier. Néanmoins, tout ce que nous traversons en ce moment n'entrave en rien le fait que tes ennuis conjugaux parviennent jusqu'à moi. Ce nouvel incident, tout autant que la mauvaise presse qui l'accompagne, est superflu, car il ne fait que nuire à l'image déjà vacillante de ta marque, qui frôle l'effondrement.

CASSIE. Bien que tout semble s'écrouler autour de nous, ce n'est pas une raison pour baisser les bras et laisser de côté tout ce qui a contribué à pimenter nos existences jusqu'ici. Concernant cet incident malheureux dont tu parles, il est crucial de comprendre que les histoires impliquent des narrateurs, des auditeurs, et des personnes qui en abusent à notre détriment. Je ne pourrai jamais rien faire contre ces individus.

BRIAN. Hélas, ils n'ont pas pris le temps de clarifier la situation avant de se lancer dans leur travail de déstabilisation. Les rumeurs ont circulé plus vite que jamais, et un grand nombre de questions se posent, surtout que dans cette affaire, tu n'es pas tout à fait irréprochable.

CASSIE. Garde tes sous entendus pour toi ! Tu parles déjà si mal de ce que tu crois savoir !

BRIAN. Non niveau d'information n'est pas des plus élevés, mais cela ne saurait m'empêcher de m'engager dans la réflexion, car, comme tout être humain, j'ai légitimement le droit d''exprimer mon opinion. Je possède des biens qui m'appartiennent, des acquisitions pour lesquelles je ne ressens aucune réserve. Cependant, il demeure des cas où nous nous illusionnons à croire que nous avons des droits sans fondement compréhensible. Certaines actions, surtout lorsqu'elles interviennent après un certain délai, peuvent paraître déplacées, les rendant presque ridicules. Je sais reconnaître l'injustice dès qu'elle s'expose à ma vue.

CASSIE. Il ne fait aucun doute que beaucoup s'érigent en récepteurs passifs, répétant sans discernement tout ce qu'ils entendent, sans prendre en compte les multiples facteurs qui jalonnent une histoire et qui peuvent la rendre unique. Si tu te laisses influencer par ces calomnies, c'est que tu choisis de les croire. Il y a les problèmes qu'on estime ne pas être les siens, mais ceux des autres, sans ce respect, il naît le conflit et l'intolérance. Tu ne sais pas grand chose de ma vie et, plutôt que de parler à tort, tu devrais te taire. Je ne t'ai pas convié à vivre ma réalité.

BRIAN. À trop donner son avis, on se rend vite pénible. Cette attitude était involontaire et en aucune façon destinée à te mettre en défaut.

CASSIE. Nous frôlons la rupture, il ne sert à rien d'empiler les problèmes. Il est préférable d'affronter la vérité : nos intérêts sont à des années-lumière des autres. Chacun de nous connais au moins une personne dont on entend parler uniquement lorsqu'elle a besoin de notre aide.

BRIAN. Je dois t'avouer que je commence à ressentir une certaine fatigue face à ce métier où l'on doit sans cesse lutter pour subsister, entouré de ceux qui m'encouragent tout en espérant simplement que je trébuche au moment décisif. Je ne cherchais pas à m'immiscer dans ta vie, mais il m'arrive d'avoir du mal à assimiler les informations. C'est pourquoi, tout à coup, je suis en train de réaliser que cet appartement est la seule solution que tu as trouvée pour te sortir de cette situation inextricable. hélas, j'ai peur qu'elle n'arrive trop tardivement, car cette planche de salut qui était censée te soutenir est vermoulue, elle se brisera et t'entraînera dans sa chute.

CASSIE. À plusieurs reprises, des obstacles mal placés ont essayé de me faire tomber, mais j'ai toujours su les éviter. Cette fois-ci, c'est une autre histoire ; je dispose d'un atout majeur que je compte exploiter à mon avantage.

BRIAN. Le conflit qui vous oppose l'un à l'autre ne s'apaisera pas de sitôt ; vous avez atteint le degré d'abandon, et seule la haine de l'autre vous motive. Ce ressentiment vous conduira à de profondes souffrances, et il serait surprenant que vous vous en sortiez sans cicatrices. Il mettra tout en œuvre pour te contrarier et il y parviendra, c'est indéniable. Bien qu'il soit destiné à la défaite, la route sera longue et ardue. Dans un an ou deux, qui pourrait en prédire la portée ? Que feras-tu alors ? Cet appartement demandera à être mis en vente, mais cela nécessitera l'aval de tous les concernés. Votre progéniture, de toute évidence, désirera s'exprimer ; es-tu convaincue de récupérer la moitié de ce que tu mérites ? Ta souffrance sera interminable lorsque le moment du contrat authentique sera enfin venu, *Salomé* ne sera plus qu'une ombre lointaine. Vendre ton récit ne sera guère aisé ; tout cela n'est qu'une chimère, une fable sans substance. J'aurais souhaité ne pas avoir à te faire cette révélation, mais il semble que tu refuses de saisir la réalité. Victime des chuchotements du monde, les circonstances troublantes entourant la mort de ton père et la tentative d'assassinat dont tu as fait l'objet par l'intermédiaire de ton époux ne plaident guère en ta faveur. Les médias, avides de sensationnalisme, se repaîtront de cette situation, balayant tout sur leur passage. J'ai infructueusement essayé de te dissuader, espérant que la confusion de la situation actuelle t'inciterait à abandonner. Quoiqu'il advienne, tu es grillée, Cassie ; si tu tiens tes engagements, ils seront contraints de se défaire de toi, es tu pourras récupérer l'intégralité de tes fonds. Le temps presse, il te reste deux jours pour remettre de l'ordre dans ton existence, sinon l'obscurité pourrait bien t'accueillir.

CASSIE. J'essaierai de me fondre dans la tienne, moi, grâce à qui tu as cru être devenu quelqu'un alors que tu n'as jamais cessé d'être personne.

BRIAN. Puisque nous voilà au commencement d'un moment où les éloges semblent de mise, je me permets d'avouer que ta vanité et le dédain dont tu fais preuve à mon égard ont fait peser sur moi un poids constant de souffrances, persuadé que rester à ma place serait bien plus sage, tout en observant l'audacieuse femme que tu es devenue, prête à affronter tous les défis. Pourtant, il me paraît évident que tu aurais pu puiser une richesse d'inspiration bien plus profonde en explorant les colorations de mon être. Ta carrière, révélatrice d'un talent ordinaire, ne t'a également vue qu'en tant qu'option secondaire, tandis que les réels talents s'estompent aux côtés de ta vanité, souvent plus humbles qu'éloquents.

CASSIE. Un parcours pédagogique bien choisi, assorti d'un premier prix au conservatoire, n'est point une manière inférieure de débuter dans cette profession, à l'inverse de ceux qui cherchent à cacher leur essence véritable. Si je pouvais revenir en arrière, je réécrirais une autre destinée, car en m'attachant à tes dons, ta futilité s'est perfidement mêlée à la trame de mon existence.

BRIAN. Ma punition est le résultat des mes actions, sans que je veuille ni ne cherche à nuire à quiconque. Tu es très différente de ce que j'avais imaginé et, maintenant que je te connais un peu mieux, je suis persuadé que le mal se trouve en toi. Je crois fermement que tu es capable du pire, et tout ce que l'on a dit à ton sujet ces derniers temps ne fait que renforcer cette conviction. J'espère qu'une justice divine existe, car tout ce que tu as pu faire finira par t'accompagner dans la tombe.

CASSIE. Tu n'es pas supérieure au plus grand nombre, bien que tu t'efforces de te convaincre du contraire. Il arrive que, dans les recoins de ton esprit, tu remettes en question ta propre valeur, fruit des désillusions emmagasinées en chemin : promesses abandonnées, passions éteintes et dettes jamais remboursées, sont autant de marques d'un mal profond. Si l'on prenait le temps d'explorer davantage, d'autre facettes de ta personnalité pourraient émerger, surprenantes à bien des égards. Quoi que je puisse charrier vers l'au-delà, j'éprouverais la joie de te voir enfin exposé à ce que tu t'efforces sans relâche de voiler.

BRIAN. Avant de mettre de l'ordre dans tes comptes, il te faudra éviter de perdre ton temps à combattre une illusion sans espoir.

CASSIE. Mon unique souhait est de ne plus jamais croiser ton chemin ; il serait appréciable que tu t'éloignes, car ici, je n'ai plus envie de t'y voir.

Il sort.

11 . La fin de l'insouciance

Un soir pas comme les autres.

CASSIE. Nous avons le droit de nous transformer, et cela se fait le plus souvent de manière progressive, au fur et à mesure que le temps passe. Notre regard sur le monde et sur ceux qui nous entourent évolue, souvent avec plus de distance. Cependant, lorsque quelqu'un de proche effectue un changement radical en un instant, il y a toujours une raison, souvent inhérente à une nouveauté perturbante. Ces derniers temps, j'ai l'impression que ma présence te gêne, alors que naguère, elle te réjouissait. Ce qui se reflète dans ton regard lorsque que je suis avec toi est loin d'être apaisant.

VINCENT. Ce constat illustre clairement mes hésitations, encore motivées par des raisonnements que je m'abstiens de partager pour l'instant. Toutefois, il est inutile de se dérober lorsque la désillusion nous pousse à réévaluer nos opinions, nous obligeant ainsi à envisager un changement susceptible de modifier notre existence. Il est malheureux que, malgré les circonstances récentes, tu ne prennes pas conscience de ta part de responsabilité dans le fossé qui s'est creusé entre nous. Ne crois pas une seconde que cette situation se soit installée instantanément ; il s'agit d'un processus marqué par des répétitions de désillusions, où chaque erreur est renouvelée, accompagnée de mensonges utilisés pour justifier tes actes ou pour tirer profit de moi, quels qu'en soient les retombées qui m'amènent à revoir ma perspective.

CASSIE. Je suis pleinement consciente que les circonstances ont pris une tournure bien plus sévère. Cependant, j'ai été entraînée dans une dynamique qui m'a fait perdre de vue mes actions et leurs conséquences. Si, par inadvertance, je t'ai entraîné dans ce tourbillon, tu dois comprendre que c'est un phénomène qui ma totalement échappé. Bien sûr, tu es libre de me faire part de tes reproches, lesquels, à juste titre, peuvent se révéler pléthoriques. Toutefois, si tu avais saisi les bonnes opportunités pour prendre des décisions et initiatives judicieuses à des moments clés, les choses auraient pu être différentes.

VINCENT. Je tiens à manifester mon désaccord face à ces remarques que je ne souhaitais pas entendre. Elle sont de nature à me mettre hors de moi. Ta propension à retourner chaque événement à ton bénéfice est désolante, et cette attitude malhonnête suscite chez-moi un écœurement profond. Il serait souhaitable qu'un jour tu prennes le temps de reconnaître que je n'ai été, dans cette affaire, qu'un simple outil de ta manipulation propre.

CASSIE. Ce sont en règle générale ceux qui feignent de ne pas comprendre la situation réelle qui avancent de tels propos, pensant qu'en cas de débordement, ils disposeront d'une excuse qui facilitera leur pardon, en raison d'une prétendue naïveté. Toutefois, je crains que cela ne soit pas suffisant, car tu ne t'inscris pas dans cette logique. Aucune excuse ne pourra t'exempter de ta part de responsabilité ; peu importe les circonstances ou ce que tu pourrais dire, tu as toujours été conscient des événements et de leurs implications.

VINCENT. Je dois reconnaître que cette conclusion sera largement partagée, et bien qu'elle puisse être justifiée, je penses sincèrement que tu as tendance à incarner un présage de malheur. La nature des tes contacts semble nuisible, et tes manipulations sont tout sauf fortuites. Les nombreuses destructions que tu as engendrées ne laissent guère de place au doute sur le fait que tu brises tout ce que tu touches, et que cela te procure une certaine satisfaction. Ton mari, de son côté, se retrouve dans une situation précaire, probablement condamné à vivre le reste de sa vie en prison. De surcroît, la mort de ton agent illustre le désespoir lié à son rôle, lui ayant ôté toute motivation pour continuer à se battre.

CASSIE. Mon époux, comment pourrais-tu prétendre le comprendre, alors que ta seule rencontre avec lui se réduit à un instant fugitif ? En vérité, il entretenait à mon égard une aversions des plus profondes. J'avais donc des raisons légitimes de me comporter ainsi. Nous n'avons pas engagé une simple discussion, mais plutôt une vraie guerre, dont le but final était l'anéantissement de l'autre. Malgré mes efforts pour apaiser ce conflit et trouver une issue salvatrice, il a, coûte que coûte, choisi d'envenimer les choses. Pour ma part, je ne ressens aucun remords ; il a récolté les fruits de ses actions. Je nourris l'espoir fervent qu'il passera ses derniers instants derrière les barreaux. En ce qui concerne Brian, il a laissé à la traîne un héritage oublié, me réduisant à l'ombre d'un souvenir, celui d'un passé auquel il s'accrochait avec un désespoir palpable.

VINCENT. Je ressens une vive anxiété en constatant que tu es convaincue qu'aucune considération humaine ne devrait entraver une action, aussi dure soit-elle. Malgré l'aval de ta proposition, tu as, par un manque de discernement, choisi d'ôter sa liberté à cet homme. Ne cherche pas à blâmer autrui pour chaque difficulté rencontrée, car la seule personne à qui tu pourrais légitimement faire grief, c'est toi-même. Ta conduite rappelle celle d'une enfant gâtée, faisant preuve de manières inacceptables pour quelqu'un qui, au premier abord, semblait être responsable. Comme à l'accoutumée, il ne pouvait procéder autrement. Il existe une succession d'actions nécessitant du temps, que tu as choisies d'ignorer uniquement parce que tu avais décidée dès le départ de trouver une justification pour te venger, alors même que tu n'avais aucune raison de le faire. Tu es une artisane des destinées en dérive, ta débauche de vies est néfaste. Ce qui est le plus alarmant, c'est qu'une fois plongée dans cette réalité, rien ne pourra freiner ton élan.

CASSIE. Bien que tu m'accuses de faire preuve d'immaturité, as-tu envisagé que ton jugement, fondé sur des données incomplètes, pourrait t'induire en erreur ? Comme celui qui désirait gagner du temps en me le faisant perdre, il n'a jamais été fidèle à ses engagements. Ce n'est pas en choisissant, dès le début, de défendre coûte que coûte ses droits qu'il aurait pu trouver une issue différente.

VINCENT. Je ne peux m'empêcher de douter qu'il ait voulu agir ainsi, alors qu'il avait toutes les raisons de procéder autrement. Pour lui, c'était une opportunité de se sortir d'affaire tout en réalisant un profit, et en même tant une belle occasion de se défaire de toi. De plus, il est manifeste que si tu m'en avais parlé au moment opportun, plutôt que de patienter comme tu sais si bien le faire, il aurait été possible de subvenir à tes besoins.

CASSIE. Je peine à saisir la nuance de tes paroles murmurées, car toutes les pistes ont été explorées, et la solution que j'ai dénichée n'était, en fin de compte, qu'un ultime recours, la dernière lueur d'espoir. Il est si simple, avec le recul, de faire croire que l'on aurait pu éviter cette détresse si les autres avaient agi sagement. Si seulement tu avais partagé ta réponse au moment où je pouvais encore échapper à cette réalité accablante, peut-être n'aurais-je pas eu à traverser ce chemin tortueux des souffrances.

VINCENT. Ce sont nos agissements, nos comportements, qui tissent inéluctablement le fil de notre destin. Une humeur maussade, un imprévu, et voilà que tout devient sujet à remise en question. Ce pied de nez à la malchance aurait pu servir de planche de salut, nous offrant l'occasion de terminer notre existence à l'écart des tumultes. Je ne sais pas si c'est le destin ou le caprice du hasard qui m'ont conduit sur ta route, mais en vérité, cela importe peu. Ce qui est indéniable, c'est que si je retrouvais ces moments face à moi, je leur cracherais au visage.

CASSIE. Tel un boomerang invariablement fidèle à son point d'origine, tu as toujours éprouvé des difficultés à faire avancer ta route. Parallèlement, ta mémoire semble avoir glissé, perdant une partie de ses précieuses facultés. Le hasard et le destin, n'entrent en rien dans cette équation : si tu es venu virevolter autour de moi, ce n'est nullement parce que je te l'avais demandé, mais bien parce que tu savais qui j'étais, tout autant que l'âme qui se trouvait derrière moi. À l'époque, tu t'intéressais davantage à mon père qu'à ma personne, mais de manière détournée, tel le tartuffe que tu n'as jamais cessé d'être. Et maintenant, alors que tu n'attends plus rien de lui, tu souhaites imposer l'idée que c'est moi qui me suis accrochée à toi, en quête d'un soutien réconfortant pour atteindre la sérénité. Je n'ai jamais eu l'intention de tirer profit de toi, ma sincérité t'a toujours accompagnée, du moins au commencement. Si l'occasion de tout reprendre à zéro se présentait, moi aussi, je n'emprunterais pas à nouveau cette voie.

VINCENT. Qui, en vérité, pourrait le contester ? Sûrement pas moi. Toutefois, si cela avait été mon unique dessein, la réalité aurait pris une allure différente. Très rapidement, j'ai saisi que notre liaison resterait dans l'ombre, et j'ai appris à trouver satisfaction dans cette situation. Ce qui, en revanche, nourrit mon exaspération, c'est que toi, tu as abusé de ma confiance. Aujourd'hui, cet argent que tu parais mépriser, tu l'as dépensé sans compter, comme s'il s'agissait d'un droit acquis, un obligation à laquelle j'avais à me soumettre, sous peine de voir ton amour artificiel être emporté vers d'autres horizons. C'est pour cela que je pensais pouvoir tirer parti de ce que tu possédais, mais à l'évidence pas en empruntant des voies viles et indignes.

CASSIE. Tu ne reconnais point ta part de responsabilité, persuadé, à tort, qu'une telle attitude te mettra à l'abri de toutes accusations. Il demeure cependant une marge de manœuvre pour choisir d'agir ou de s'abstenir, sauf si l'on est contraint à l'extrême. Je ne me souviens pas t'avoir forcé d'une manière si brutale. Écarter la réalité ne fait point de nous des innocents. Lorsque tu as compris que ton argent risquait de te filer entre les doigts, une colère inextinguible t'a saisi, et la proposition que je t'ai présentée n'a guère tardé à trouver écho chez toi, sans que tu ne cherches à te justifier. Tu as même conduit cette démarche sombre avec une détermination effrayante et sans aucune réserve.

VINCENT. Cette version burlesque s'éloigne radicalement de la vérité, s'en dissociant même de manière considérable. À l'origine, il n'a jamais été question de lui ôter la vie par un acte criminel, mais plutôt de l'accompagner avec dignité sur le sentier menant à sa dernière demeure, afin de le préserver des tourments infligés par cette maladie qui le rongeait. Il me paraissait inconcevable qu'un père, lié par l'ombre de la mort, demande à sa fille d'accomplir un acte si contre-nature, alors qu'il aurait pu se tourner vers les lois de pays offrant l'euthanasie. Jamais il ne t'a sollicitée pour l'assister dans ce dernier voyages ; il ne s'agissait là que d'une imposture, et moi, je suis devenue la cible d'une malheureuse plaisanterie. Ta mauvaise foi me terrifie ! Tu sembles devancer le destin. Si l'on me questionne sur ma contribution à cette tragédie psychologique, j'exposerai la vérité : j'ai suivi le flot sans remettre en question mes actions, m'immergeant dans le mouvement sans faire appel à mon esprit critique, ni même à cette intelligence que l'on attend d'un être humain.

CASSIE. Tu as très vite compris ce qui était en train de se passer, tu n'étais pas dupe ! Malgré son grand âge, il t'a donné du fil à retordre. On ne résiste pas quand on est consentant ! Pourquoi as-tu été jusqu'au bout ?

VINCENT. Pris dans un maelström de démence, je n'ai pu retrouver prise, cerné par l'appréhension des représailles, conscient, à cet instant singulier, que tout était devenu irréversible.

CASSIE. Loin de te rendre compte de ta propre nature, tu cherches à te persuader que tes actions découlent d'une malice extérieure. Pourtant, tu n'es pas, en essence, plus noble que ceux qui t'entourent. Réceptacle d'un appétit ardent, tu aurais été tout aussi enclin à perpétrer des actes bien plus ignobles pour revendiquer ce qui t'appartenait. À cet égard, nous partageons un même creuset.

VINCENT. Contrairement à toi, les profondeurs de mon âme et de ma pensée sont assaillies par le regret. Je m'interroge si, face à cela, il ne m'aurait pas été plus agréable de céder à la folie, car ce que nous avons fait n'est qu'un reflet fugitif de notre existence.

CASSIE. Nous lui avons épargné les années de désespérance durant lesquelles le corps s'affaisse lentement, se dérobant à ses fonctions essentielles, englouti par une dépendance qui suscite le dégoût. Les nuits d'angoisse, hantées par la peur d'un sommeil dont on ne pourrait ne plus se réveiller. Les assiettes, désormais vides de tout plaisir alimentaire, devenues le symbole d'une solitude accablante, signe que la mémoire des autres s'est effacée de notre authenticité.

VINCENT. Il semble évident que la réalité de ce monde ne t'appartient point, et cela ne te fournit aucun motif pour arbitrer en son nom, puisque tout cela n'était rien d'autre qu'un acte abject, poussé uniquement par l'aspiration à la gloire et la soif de richesse.

CASSIE. Ce n'était qu'un bagage inutile qui, pour partir en ne laissant que la négativité derrière lui, a pris la décision de tout saborder.

VINCENT. En forant son abîme, tu as creusé le tien, t'écartant des sentiers de la logique ; ainsi, tu t'es intentionnellement mise à l'écart. Peu seront ceux qui pleureront ta mort, car il te faudra reconnaître cette douloureuse vérité : il est, hélas, déjà venu le jour où ta réalité s'estompe dans les mémoires.

CASSIE. De ce fait, nous ne ferons qu'un, car en unissant ton essence à la mienne, tu te métamorphoses en un reflet de mon être.

VINCENT. Les ondulations d'une eau polluée n'offrent qu'une image viciée de la vérité, voilant la beauté sous un manteau de désolation.

CASSIE. Peu importe les discours que tu pourras tenir, peu importe les efforts que tu pourras déployer, il te faudra finalement consentir à reconnaître, même sans en avoir pleinement conscience, que les actes que tu as entrepris t'ont privé de la légitimité d'aspirer à te déclarer membre d'une société civilisé.

VINCENT. Monte en moi une angoisse silencieuse, car ce monde que tu habites est le miroir de ton essence ; ses habitants, comme des ombres de ta propre chair, semblent dénués de croyance et de convictions, se mouvant dans l'existence sans lucidité. Dans ce royaume, c'est la loi du plus fort qui prévaut : s'ils ne peuvent obtenir ce qu'ils désirent par des voies justes, ils le saisissent par la force, et ceux qui osent résister sont inéluctablement anéantis, car la pitié leur est étrangère.

CASSIE. C'est le cadre qui t'entoure et que tu refuses de reconnaître, de peur que cette prise de conscience ne vienne troubler ta quête de bonheur. Tu peux bien fermer les yeux, cela ne saura t'épargner la réalité qui, tel un fantôme finira par te rattraper. Le milieu dans lequel tu évolues est sans pitié, parsemé des vestiges de ceux qui ont souffert avant toi. Ta réussite, loin d'être exempte de détresse, s'est édifiée sur des ruines silencieuses, et ce, malgré les mensonges que tu tisses pour te préserver d'un conflit intérieur.

VINCENT. Certaines coutumes se sont immiscées dans le quotidien, un jeu équilibré où se dessinent des règles, loin de toute cruauté. Il s'avère inévitable de connaître la défaite, un aléa que l'on doit apprivoiser. Ceux qui tombent en disgrâce doivent se réjouir, car lorsque l'on atteint les abîmes, la seule direction est celle de la remontée. À l'inverse, l'individu en quête d'ascendance demeure sans loi, se fondant dans un principe redouté : anéantir pour mieux régner.

CASSIE. Nous évoluons dans une existence sereine, où les imprévus se font rares. Pourtant, inexplicablement, nous sommes entraînés dans un tourbillonnement dont nous ne pouvons nous échapper.

VINCENT. Je suis devenu la proie des circonstances ; un acte de commisération s'est transformé en une atrocité obscure. Je ne trouve pas d'excuse ; personne n'a exercé sur moi de pression. Hélas, il est trop tard désormais pour pleurer sur le mal accompli.

CASSIE. À l'écoute de ta voix, je distingue la présence de quelqu'un capable de discerner, avec une clairvoyance singulière, les méandres futurs des événements, lesquels ne sont certes pas inéluctables. Je ne suis pas une figure d'autorité, et je n'ai nullement l'intention de te juger. Je sais ce que tu as accompli et peux évaluer l'influence que ton intervention a eue sur le cours des opérations. Il est sage de conserver tes forces pour les éprouvantes années à venir, car elles te seront de bien plus grande utilité si un jour notre secret vient à éclater. Il te faudra alors admettre que c'est toi qui a orchestré ce plan machiavélique, dont le but était de ternir l'honorabilité de mon époux afin de retrouver plus promptement ton bien.

VINCENT. Tu n'en feras pas ce que tu en voudras, d'autres, mieux que toi, sauront apprécier mes écarts.

CASSIE. N'attends pas qu'ils fassent preuve d'indulgence.

VINCENT. Cependant, aveuglée par la rancune, tu as perdu de vue une réalité incontournable : il sait que nous l'avons piégé. À force de clamer son innocence, ses cris intenses finiront par porter leurs fruits. Il y a de réelles chances qu'un jour proche, cette affaire revienne à l'ordre du jour. Si cela devait se produire, quel serait ton camp ? Serait-ce l'égoïsme qui régnerait en maître, ou aurais-tu l'honnêteté de reconnaître l'influence que tu as exercée sur ce drame ?

CASSIE. Il ne sera pas le seul à suffoquer, perdu au milieu d'innocents, tandis que nul ne souhaitera prêter l'oreille à ses plaintes. Toutefois, si un tel bouleversement devait se produire, je crains de ne pas répondre aux attentes que tu pourrais légitimement avoir à mon égard. Je dois même avouer que je serais disposée à tout entreprendre afin de réduire les conséquences dont je pourrais être la cible. Je suis persuadée que tu comprendras qu'il serait vain de me demander de consentir à des sacrifices en ta faveur.

VINCENT. Cependant, il est impératif que tu comprennes qu'en te comportant de la sorte, que tu seras complice de ceux qui souhaitent te faire sombrer. Ils se serviront de toi pour me précipiter dans ma perdition, et un jour, quand il ne tireront plus profit de ta présence, ils te feront savoir que ta grandeur d'âme est inférieure à la mienne. À cet instant précis, il sera incontestable que ta déloyauté n'aura eu d'autre effet que de précipiter les impacts de tes initiatives.

CASSIE. Nous parviendrons à l'ultime vérité lorsque nous nous heurterons au mur de nos réalités, mais j'estime qu'il est primordial que tu prennes conscience de cette issue. Désormais, il est indéniable que nous n'avons plus rien à attendre l'un de l'autre. La question qui se dresse devant nous réside dans ce que nous déciderons d'accomplir avec notre avenir, car il apparaît que ce dernier est gravement compromis. Les vestiges de ce que fut notre amour se retrouvent entachés de souillures inévitables, et ce constat devrait sans doute nous pousser à réévaluer notre relation.

VINCENT. Il va s'en dire que des difficultés insurmontables se dressent désormais sur notre chemin, rendant toute perspective de vie commune chaotique. Une question se pose alors : que devrions-nous envisager pour le futur, si nous décidons de persister dans cette union ? Confrontés à un cycle de querelles incessantes, nous risquons de faire de notre récente expérience un prétexte pour exercer sur l'autre un chantage insupportable. Il serait donc plus sage d'envisager la séparation.

CASSIE. Nombreuses sont les options qui s'offrent à nous, et bien que celle-ci paraisse extrême, elle n'est pas pour autant à rejeter. Il faut néanmoins que tu comprennes que te débarrasser de moi ne sera pas aussi simple que tu l'imagines. Je suis consciente que ma légitimité repose uniquement sur l'attestation d'hébergement que, par une rare bienveillance, tu m'as consentie. Cependant, le pacte sanguin que nous avons scellé dans cet acte de fraternité nous lie jusqu'à la mort. Ainsi, quoiqu'il advienne, tu devras accepter que tu me resteras redevable, et ce, jusqu'à nos dernières heures. Pour parvenir à un accord il te faudra accepter mes conditions.

VINCENT. Cet engagement de pacotille, apposé sur un papier éphémère, n'affiche qu'une valeur symbolique, l'absence de ma signature en témoignant. De plus, le mot « condition » est bien trop impératif pour que je donne mon agrément. Sans conteste, l'appréhension de voir ma liberté s'évanouir pourrait te laisser croire que tu peux t'approprier tout ce que tu désires, mais tu fais face à un individu déterminé à se libérer d'une personne devenue insupportable. N'oublie pas, avant de te perdre dans ta propre démesure, que supporter la captivité te sera sans doute plus difficile qu'à moi, car je suis catégoriquement décidé à ne pas céder à cette pression. Tu devras te contenter de ce que je pourrais éventuellement t'accorder.

CASSIE. Je ne cherchais point à amplifier une discorde déjà présente, mais cela ne saurait non plus t'accorder le droit de me chasser sans ménagement. Je ne retrouverai, sans doute, jamais le cap que ma vie avait pris, et ce choc émotionnel, s'il n'est pas appréhendé, pourrait me plonger dans l'abîme de la folie, jusqu'à envisager l'ultime sacrifice. Réfléchis bien à cela, car en me précipitant dans ce gouffre, je risque de t'y entraîner également, là où l'espoir se fait ténèbres.

VINCENT. La scène tragiquement mélodramatique que tu interprètes en ce moment n'éveille guère les effets espérés, car, étonnamment, le personne que tu t'efforces de revêtir semble s'éloigner de toute « authenticité ». Si un jour, tu devais céder à la folie, ce dont je doute, car ton caractère bien trempé te singularise, tu perdrais toute crédibilité, et les propos que tu tiendrais à mon égard pourraient être perçus comme des élucubrations psychotiques. Il serait donc illusoire de s'engager sur cette voie sans issue, qui ne pourrait que t'apporter désillusion et ne ferait qu'amplifier ce sentiment d'âpreté qui te hante. Comme toute artiste, sache que ta carrière s'achèvera inexorablement le jour où cessera de battre ton cœur. Ce que tu viens de subir n'est certainement pas suffisant pour te faire abandonner cette passion qui, depuis ta plus tendre enfance, a toujours guidé ton existence. Ce que je soupçonne, c'est que tu t'efforces de gagner du temps afin d'attendre de récupérer cette part, si contestée, à laquelle l'unanimité reconnaissait qu'elle ne t'était pas destinée. Une fois que cela sera réalisé, et lorsque tu l'auras dilapidée, il est fort à parier qu'à ce moment très précis, tu concluras ta vie dans les tourments.

CASSIE. Ce qui se manigancera dans l'avenir de ma vie ne te regardera plus, et je ne te donnerai pas la satisfaction de te réjouir de mon effondrement. Toutefois, pour une fois, je dois admettre que tu n'as point été dans l'erreur, car il est clair que j'ai toujours placé ma carrière au-dessus du reste : famille, amitiés, amours et amants qui ont ponctué mon existence, m'offrant bien plus que tu ne pourrais le penser. Les choses bonnes, comme les mauvaises, ont un terme, mais finalement, rien n'est aussi tragique que l'on croit. Je me relèverai avec détermination, et quand je frapperai aux portes de la réussite, j'espérerai avec ferveur que le bras de la justice ne s'invite pas à ma fête.

VINCENT. Il nous faudra apprendre à vivre avec ce fardeau, à moins que la douleur du repentir ne nous pousse à dévoiler nos fautes.

CASSIE. Possédons-nous une conscience, et saurons-nous réellement déterminer la portée de nos actes passées ? Je crois qu'il serait sage d'accepter la réalité. Il en va de notre besoin insatiable d'en vouloir toujours davantage, alimenté par cette peur de laisser échapper ce qui aurait pu nous permettre de goûter pleinement à cette période fugace qu'est l'existence. En fin de compte, cela nous transforme en créatures implacables, avides, réclamant l'arôme du sang. Avec le recul, je te l'assure, il apparaît clair que ce jeu était vain, et les injustices perpétrées, peu importe leurs ramifications, demeureront irrémédiables.

VINCENT. Nous pourrions nous livrer à de longs palabres à propos de ce sujet, sans espérer trouver les réponses qui nous éludent. Il serait sans doute plus sensé d'ensevelir ces questionnements dans les tréfonds de notre inconscient, en rêvant qu'ils nous laissent des intervalles de quiétude. À présent, il est temps de nous séparer. Je ne suis pas pressé, bien sûr, mais il serait judicieux que tu t'en ailles promptement, car je dois te faire savoir que j'ai mis en vente mon appartement et que j'ai choisi d'exercer mon droit à la retraite. Cela marquera pour moi une façon singulière de faire peau neuve.

CASSIE. Il est évident qu'il serait préférable que je m'éclipse rapidement, car cette décision nous apportera à tous les deux un bénéfice évident. Je ne crains gère que cela ne pose problème, ayant en ma possession un cercle d'amis susceptibles de m'offrir un abri temporaire en attendant des jours plus sereins. C'est ce revirement inattendu de comportement qui m'intrigue et que je peine à déchiffrer. Tu n'as jamais connu l'âpreté des échecs, et c'est, sans conteste, cette raison qui t'embourbe dans l'angoisse face à ce qui t'est arrivé. Malheureusement, aveuglés par notre propre aigreur, nous n'avons pas su réaliser que nous avions cessé d'espérer quoi que ce soit l'un de l'autre. Ce glissement n'a, en réalité, fait que révéler une facette moins enchantée de notre réalité.

VINCENT. Bien que je n'éprouve guère l'envie de m'engager dans un tel débat, il me semble que tout cela résulte de tes choix personnels, de tes réflexions intérieures et de tes souhaits. Par ailleurs, il est important d'accepter que, si ton père n'avait pas joué le rôle de celui qui t'a abandonnée à l'incertitude, il semblerait que le discours aurait déjà trouvé son achèvement. Nous ne récolterons rien en nous évertuant à prouver quoi que ce soit, ayant partagé un crédit de vie au commencement que nous avons, en vérité, dissipé avec légèreté. Ainsi, nous serons maintenant en mesure de respirer sans contrainte, enfin libérés de toute assistance.

CASSIE. Ont-elles vraiment duré si longtemps, ces années d'attente, empreinte de désespoir et d'angoisse ?

VINCENT. Dans le même moule, nous avons pris forme, et c'est de ce besoin prépondérant de combler nos désirs que jaillit notre affectivité. Je me rends compte que cette ressemblance pourrait sembler accablante, mais elle est si profondément enracinée dans une réalité insurmontable qu'elle en devient difficilement controversable, influençant tout le reste. Tu en as fini ?

CASSIE. Tout a été dit.

VINCENT. Je peux terminer mon journal ?

FIN